寻找教育的桃花源

从教路上的行与思

丁晓◎著

安徽师范大学出版社
ANHUI NORMAL UNIVERSITY PRESS
·芜湖·

图书在版编目(CIP)数据

寻找教育的桃花源:从教路上的行与思 / 丁晓著. — 芜湖:安徽师范大学出版社,2023.2

ISBN 978-7-5676-5905-6

Ⅰ.①寻… Ⅱ.①丁… Ⅲ.①乡村教育-中小学教育-教育研究-中国 Ⅳ.①G632.0

中国版本图书馆CIP数据核字(2022)第184758号

寻找教育的桃花源:从教路上的行与思 丁 晓◇著

XUNZHAO JIAOYU DE TAOHUAYUAN: CONGJIAO LUSHANG DE XING YU SI

责任编辑:孔令清 责任校对:辛新新

装帧设计:张 玲 冯君君 责任印制:桑国磊

出版发行:安徽师范大学出版社

芜湖市北京东路1号安徽师范大学赭山校区 邮政编码:241000

网 址:http://www.ahnupress.com

发 行 部:0553-3883578 5910327 5910310(传真)

印 刷:苏州市古得堡数码印刷有限公司

版 次:2023年2月第1版

印 次:2023年2月第1次印刷

规 格:700 mm × 1000 mm 1/16

印 张:9.75

字 数:160千字

书 号:ISBN 978-7-5676-5905-6

定 价:38.00元

前　言

1995年7月，我毕业于山东省日照师范学校，怀揣着教育梦想，一路欢歌，一路思考，踏进了教育殿堂，从此开始了杏坛耕耘的教育生涯。

多年来，从市直学校到区管学校，从城区学校到农村学校，我深深地感受到城乡教育发展的不均衡，办学理念的差距。于是，我在内心承诺：待我羽翼丰满，我一定要到农村学校传播先进的办学理念，惠及一方师生，成为一个扎根农村教育的传承者和追梦人。

近三十年来，我从一名普通教师成长为一名教育管理者，始终站在教育前沿，用先进的教育理念丰富自己的头脑，关注学生的发展和成长，思考教育的内涵，探寻教育的规律，以深厚的教育情怀和务实的工作态度，履行着教育的神圣职责，践行着自己的庄严承诺。

在繁忙的教育教学工作中，我更注重对政治业务理论的学习和教育教学实践的反思，以丰富自己的专业知识和提高自己的工作能力。与此同时，我还对中小学治校方略、校园文化建设、教师专业成长、课堂教学改革、校本课程开发、家校合作共建等教育发展中的“焦点”和“热点”问题，进行了一些有益的探索，并及时付诸笔端。

本书主要是我在2018年至2022年的教育教学管理心得或经验。全书内容分三编：第一编“教学管理，张弛有度”，谈治校工作理念、专业成长故事、课堂教学改革、校园文化引领、家校互动合作等内容；第二编

“课堂教学，深耕细作”，谈“双减”政策落实、书香校园建设、高效课堂构建、校本课程开发等内容；第三编“家庭亲情，温馨守护”，谈家庭故事和育儿心得。最后附“校园传真，师生对话”，展示校园风采，宣扬师生风貌。

教育兴则国家兴，教育强则国家强。习近平总书记在党的第十九次全国代表大会上强调：必须把教育事业放在优先位置，深化教育改革，加快教育现代化。作为一名教育工作者，我深知教学的困难与希望同在，机遇与挑战并存。面对新形势新任务，我们要把站位提得更高、格局放得更大、情怀树得更牢，“不驰于空想，不骛于虚声”，用自己的真诚和博爱诠释为党育人、为国育才的箴言。

循道而行，功成事遂。让我们携起手来，坚定如磐初心，勇担历史使命，站在新的历史起点上，以更加饱满的激情和更加昂扬的斗志，踔厉奋发，笃行不怠，阔步新征程，一起向未来！

丁　晓

2022 年 9 月

目　录

教学管理，张弛有度

用爱牵手，用心承诺，做教育的守望者 ……………………………003
既然选择了远方，就只顾风雨兼程 ……………………………………009
立足新起点，扛起新担当 ……………………………………………018
一个不放弃，一个不撒手 ……………………………………………022
让每个孩子健康快乐成长 ……………………………………………028
处无为之事，行不言之教 ……………………………………………031
让他们站在C位，享受高光时刻……………………………………036
树立学校精神旗帜，打造学生出彩人生 ……………………………039
倾情校史故事，矢志文化传承 ………………………………………045
制度提升效能，责任催生担当 ………………………………………047
本固而枝荣，根深而叶茂 ……………………………………………051
时光不语，静等花开 …………………………………………………057
家校心连心，教育手牵手 ……………………………………………061

警校携手共建，同筑平安校园 ……065
立足优秀传统文化，打造现代魅力校园 ……069

课堂教学，深耕细作

从“孤读”到“共读” ……075
“减负”不减“质”，“减量”不减“效” ……077
着力打造“少年宫+多元社团”课后服务模式 ……081
最是书香能致远，渠有源头水自清 ……084
构建新课堂，我们在行动 ……088
构建教师成长共同体，推进管理效能最大化 ……096
寻迹龙山文化，尽享陶艺时光 ……100
蓝色海洋教育，领航绿色生活 ……105
探秘最美甲骨，感受汉字魅力 ……109

家庭亲情，温馨守护

我们一家人 ……115
我家有女初长成 ……118
爱意浓浓过大年 ……120
写给天堂的父亲 ……124
我的老师闪闪发光 ……128

附：校园传真，师生对话 ……130

教学管理，张弛有度

教育思想是办学的灵魂，教学质量是办学的生命，学校管理是办学的关键。教育管理就是要铸就灵魂，把握生命，抓住关键。本编作者从自己的学校管理实际出发，思考治校方略，探寻教育规律，施展管理智慧，从而推进学校的高效管理。

用爱牵手，用心承诺，做教育的守望者

1995年7月，我毕业于山东省日照师范学校。多年来，从市直学校到区管学校，从城区学校到农村学校，我深深地感受到城乡教育发展的不均衡，办学理念的差距。于是，我在内心承诺：待我羽翼丰满，我一定要到农村学校传播先进的办学理念，惠及一方师生，成为一个扎根农村教育的传承者和追梦人。

追寻最初的教育梦想

2018年4月，通过层层竞聘，我被组织选拔任命为山海天旅游度假区驻龙山小学校长。就这样，我离开城区学校来到农村学校，追寻最初的教育梦想。

刚到驻龙山小学的时候，学生不足200人，每年教育经费不足20万元，学校维持正常运转都很困难，面临着学校规模逐渐缩小、发展缓慢、随时可能被撤并的困境。当时，我在心里暗暗发誓：一定要真情付出，带领师生振兴这所学校，造福一方百姓！

面对学校办学思想相对滞后的问题，在周密调查、精心论证的基础上，我提出了“和乐”核心教育理念，即从构建“和乐”文化人手，以创建“和乐”课堂为契机，着力打造“和乐”教育，唤醒教师发展的内生动力，引领师生和学校共同发展。

一、赏识关爱，激发教师“爱干”

初到驻龙山小学，我便走近教师，深入教学一线，谈工作，话家常，大力实施赏识管理。教师与学生谈心的画面，教师积极家访的场景，最早到教室的班主任，最晚离开校园的教职工……我都随手拍下来，汇集成“驻小最美瞬间”，并利用各种宣传方式，予以展示和表扬。在全体教师大会上，播放我制作的数字故事，讲述每位教师的优点，比如他们的勤奋、智慧、能力、担当，或是很帅、很靓。这种赏识和表扬激发了他们的工作热情，他们都以百倍的努力回报着学校的真情关爱。后来，我发现他们把这种赏识管理推广到了班级管理，甚至家庭环境中，从而师生关系更加融洽，家庭关系更加和谐。每年的元旦总结会上，我都会在隆重表彰教职工的同时表彰教职工家属。三年时间里，学校先后表彰了20余名“和乐”婆婆、“和乐”父母、“和乐”爱人、“和乐”子女等，营造了良好的“和乐”教育氛围。

我记得有位教师说，把赏识管理应用到班级管理中，学生和家长更加自信了；应用到家庭环境中，婆媳关系也更加融洽了。

二、公平公正，激励教师“能干”

我积极倡导：教职工想知道的，就是需要公开的；教职工不满意的，就是需要改进的；教职工有疑虑的，就是需要加强的。我跟每一位教师强调，评优树先、绩效考核和人情没有半点关系，完全取决于教师的工作能力和成绩。学校的评优树先、年度考核和绩效考核等的依据都是教职工代表大会讨论、修正并确定的方案。在职称评审中，我们做到量化积分，过程公开、透明，允许大家提出异议，最后评审委员会再讨论审核。“公其心，万善出”，公平公正不仅树立了学校的公信力，而且促使大家铆足了劲努力工作。

我记得有位教师曾经获得了一个大奖，她发信息向我表示感谢，并告诉我：“您的公平公正就是给我的最大‘福利’。”

三、专业提升，引领教师“会干”

我觉得教师爱干、能干固然很重要，但是会干才是关键。在驻龙山小学三年，每位教师每年人均外出学习次数不少于三次，同时学校积极开展各种校本教研活动。从事教育管理多年，我一直坚持在教学一线，并且深切地感受到：校长在某一个教学领域的研究高度决定了他在教师心目中的地位。当校长焕发出一种教学魅力时，这本身就是一种引领。因而，在驻龙山小学的每个学期，我都会开展“我和校长赛赛课”“我给校长评评课”活动。赛课、评课活动点燃了教师参与教研活动的热情，提升了教师的专业发展水平。平时我还会随时听取教师的“推门课”，当然，我的课堂也对所有教师随时开放。

我很欣赏这样一句话：对教师的管理，你手里是要扬起一根鞭子还是树起一面旗帜？当然，我更愿意树起一面旗帜。

四、放手管理，激活教师“敢干”

驻龙山小学打造了国防教育、诗词教育、榜样教育、消防教育四大文化活动。这些丰富多彩的校园文化活动，师生都会共同参与。学校成立校园文化“校长信箱”和微信群，让师生自己设计、创作和组织活动。在校园文化的创建过程中，教师是主要设计者、领导者、组织者和推动者。学校通过权力下放，极大地调动了教师工作的积极性、主动性，创造了校园文化建设的奇迹。我校校园文化建设成为对外展示的一张名片，让每一位来宾都印象深刻，赞不绝口。

任职三年来，驻龙山小学先后获得“日照市文明校园”等10余项省级或市级荣誉，承办了全市的STEM（科学、技术、工程和数学）教育现场会、全市新教育成果展示活动、全市消防现场会和省级消防现场会。三年的时间里，学校的教学成绩可谓“士别三日，当刮目相看”，赢得了社会各界的广泛赞誉。

取得这些优异的成绩取决于多种因素，但最重要的是取决于教师的内生动力得到了充分的激发。

做教育的守望者

2021年8月，结束了26年的小学工作，我来到了两城中学，这对我是个极大的挑战。

两城中学是一所拥有57年办学历史的农村学校，在城镇化推进的背景下，学校生源日趋减少，办学规模逐渐缩小。由于家庭教育、素质教育尚有欠缺，学生学习成绩存在两极分化现象，“问题生”和“学困生”时有出现。如何推动教育公平优质发展，让教育教学质量得到有效提升，这是农村教育研究的重要课题。

为此，我开始了新一轮的走访调研，先深入班级，走近教师，认真倾听师生的声音。调研期间，我走访了全街道56个村的支部书记和40多个学生家庭，征集了30余条社会建议；多次召开“我为学校发展建言献策”交流大会，征集了70余条教职工“金点子”，并给24位教师颁发了“金点子”荣誉证书。

在走访调研中，针对教师反映的学生违规违纪问题，特别是叛逆期某些中学生教师不敢管、管不了等问题，我决定从积极构建新型师生关系入手，坚守“一个不放弃，一个不撒手”的教育信念，实施“全员育人”和“警校共建”活动，净化校园环境，营造良好氛围。同时，在“双减”形势下，对教师素质提升、课堂教学改革、实施多元评价等方面进行了有益的探索。

一、坚持价值引领，厚植育人情怀

为了让教师在工作中充分体验到价值感，我通过各种形式让每一位教师都有机会参与到学校管理中来。到两城中学伊始，先开通“校长信箱”。刚开始很多教师对此不以为意，甚至置之不理，认为是“搞形式”。后来，陆续收到了24位教师的信件，我悉心整理了每一条建议和诉求，并在全体教师大会上给这24位教师颁发了“金点子”荣誉证书，还以抽奖的方式给他们发放礼物，随后用击鼓传花的形式让没有写信的教师也说出他们的建议。这种别开生面的交流方式，一下子拉近了我和教师们的距离，教师参与学校管理的兴致也被激发出来。后来，“校长信箱”经常被教师们“光顾”，已成为教师和学校班子成员沟通的渠道，极大地促进了学校的有效管理。

二、坚持全员育人，夯实责任担当

针对教师因压力大、责任大不愿意当班主任的问题，我提出了全员育人导师制，分解班主任管理工作，提升个性化服务。通过“全岗位育人”“全时段育人”“全方位育人”“全课程育人”和“全过程考核”，形成“4+1”管理机制。现在所有班级根据自身情况，组建6个学生成长“微共体”，“微共体”成员保持在7人左右。所有教师做学生成长的导师，对学生的日常行为和全面发展负责，实现教师对学生思想上引导、学习上辅导、心理上疏导、生活上指导，推进人文关怀，实施无缝隙管理，加强过程性评价，实行质量问责，从而形成人人、事事、时时、处处皆育人的良好局面。

三、坚持警校联动，提升法治意识

近年来，在一些不良舆论影响下，师生关系进一步紧张。面对叛逆期的中学生，教师不敢管、管不了，甚至出现学生顶撞、辱骂教师的现象。“跪着”的教师教不出“站着”的学生。为此，学校积极营造尊师重教的良好师生关系，同时积极探索警校合作。一是在设立法治副校长的基础上，各班还聘请了法治辅导员，以法律讲座和主题班会形式，开展丰富多彩的法治教育活动。二是建立未成年人心理共育工作室，教师协同民警定期与学生面对面、零距离互动交流。三是教师、民警联合入户家访，民警结对帮扶。如此，我们实现法治教育“三融入”，即融入教学管理、融入家校共建、融入社区关注，构建公安、学校、家庭、社区“四位一体”法治教育机制，帮助家长、教师、学生理清法律责任，守住法律底线。为此，教师有了依法捍卫自己权益的底气，敢在教育中承担自己的责任，从而让师生关系、家校关系更文明、更和谐。

四、坚持内涵式发展，增强育人本领

教师是学校最大的资源，“双减”形势下，对新时代教育提出更大挑战，对学校的育人水平和育人能力尤其是对教师专业发展提出更高的要求。

我们致力于：强组织，建设教师发展共同体，实行捆绑式评价，引导教师发挥团队力量，形成特有的“导师共同体”；强课堂，强调以学生为中心，突出学生的主体参与，推进课堂高效；强课程，努力做到国家课程求质量，地方课程求规范，校本课程求创新，加强音体美劳教育；强教研，以“小课题”研究激活“大教研”，让教师在反思中成长，在“磨课”中提升；重评价，突出素质教育导向，纾解学生心理压力，探索增值评价，激发学习动力。其间，我们统筹利用社会各类资源，设立了由两城爱心人士发起的学校教育奖项之“园丁奖”“春晓奖”，让师生充分感受到工作学习的成就感和获得感。

受邀参加学校法治辅导员聘任仪式的一位家长给学校写了一封信，她在信中这样写道：“丁校长说的‘我们不放弃任何一个孩子，我们要让孩子们在校先成人后成才，要让孩子们在家门口享受最实惠最优质的教育！’这句话，是多少家长的期盼和心声啊！我在农村学校工作时，我的大女儿在城里上初中，我知道陪读家长的心酸，有多少家长期盼家门口的教育实惠优质啊！看到那些‘问题学生’在短短两个多月内发生了改变，身为家长，既为他们高兴，又庆幸这些孩子选择了我们学校。”

我常跟教师们讲：“人在一起是团伙，心在一起是团队。”我很庆幸不管是在驻龙山小学还是在两城中学，我都遇到了一群心在一起的人。我们要一起用爱牵手，用心承诺，追寻最初的教育梦想，一起做农村教育的守望者！

既然选择了远方，就只顾风雨兼程

一、感受职业幸福

1989年8月，我步人心仪的日照市实验中学，开始了初中学习。

中学毕业时，父命难违，我报考了日照师范学校。说实话，那时我真不喜欢上师范学校。后来，我和一位老师吃饭，他开玩笑地说："一个北大、清华的苗子上了师范学校，你就是一个'傻子'。"我知道那位老师说得有点夸张，我并没有那么优秀，但是确实在日照师范学校艰苦奋斗了三年，校级、市级、省级等大大小小的荣誉获得很多。其间，19岁的我成为一名中国共产党党员。毕业后，我被分配到一所市直小学——日照市实验小学。其他同学都羡慕我，因为他们大都分配去了农村学校。但是我并不怎么高兴，因为那时我不想当老师。

那个时候，年轻气盛，觉得自己身上还有太多的能量没有发挥，总觉得从事小学教育太委屈自己了。刚去实验小学，学校领导并没有安排我去一线教课，而是把我安排在学校办公室协助领导工作。

两年繁忙的学校办公室工作，自己一直感到迷茫，不知道未来的方向是什么，不知道为什么奋斗。这时，学校有一位德高望重的翟老师经常到办公室劝说我："你既然选择了教育，就一定要到一线教课，去做个真真正正的老师。只有在教学一线上，你才能得到更好的发展。"已经习惯了办公室工作的我真是不知道该怎么去上课。翟老师就说："先去听课，熟悉课堂教学。”就这样，一有时间，我就搬着凳子去听老师们的课，慢慢地找到了做老师的感觉。

记得有一次学校会议结束后，我搬着椅子往楼上走。突然一个男孩从我手中把椅子抢了过去，说：“丁老师，我帮您。”我低头一看，原来是我毕业实习时班里一个叫杨萌萌（化名）的孩子。有时感动就在一瞬间，是那个男孩的一声“丁老师”，唤醒了我内心对于做老师的渴望。

参加工作的第三年，我向领导提出了教课申请。从此，我成为一名真正的老师。此时，和我同时踏上工作岗位的同事经过两年的磨炼，已成为很不错的老师，而我却要从头开始。

糟糕的是，那一年我的家庭发生了很大的变故。1998年春天，一生崇尚教育的爸爸还没来得及看到女儿成为一名优秀的老师，便因癌症去世了。那年我的弟弟才8岁。爸爸重病期间，为了让他放心，我把弟弟带在身边，既要当他的老师，又要做他的家长。一直在爸爸庇护下长大的我，突然没了依靠，同时，还要保护妈妈和弟弟，帮妈妈撑起这个家。这时候，我把一切不合实际的“梦想”都放下了。

就这样，我真正走上了讲台，拥有了自己的班级和学生。当时领导安排我教一年级，尽管我缺乏教学经验，但也赢得不少家长和孩子的喜爱。原本长发的我，有一天去理了短发，结果班里掀起了一阵短发潮，班里女孩子都跟风去剪了短发。课下，孩子们喜欢和我玩，家长喜欢和我聊天。正是这一年，这些家长和孩子坚定了我做一名好老师的信念。

后来，这个班一位孩子妈妈给我的一封信一直鞭策着我，让我对老师这一职业有了更深的思考。

这个孩子叫沙玉涵（化名），在我的班级待了半年，第二个学期便转到了城区另外一所小学。

下面，就让我们一起重温这封让我感受到职业幸福的信：

丁老师：

您好！

首先，祝您新年愉快！您的学生沙玉涵很想念您。也许正是您对他的关爱，才会使他这个性格内向的孩子深深地留恋着他的母校——日照市实验小学，并一扫他心中的阴影。感谢您在他幼小的心灵中播下了友爱、关怀的种子！

因为您对孩子的关心和鼓励，他十分自信。涵涵是个听话、体贴父母的好孩子。每天自己乘公交车上下学。平时，他比我们先到家，每次都是回到家先完成作业后再干其他事情。

涵涵很天真、很单纯，感情很真挚。他很想念您，每次提起您都含着泪告诉我：妈妈，我好想念丁老师和实验小学。十分遗憾的是，由于种种原因，我一直没有帮他“圆”这个梦。

谢谢您！祝一切都好！

沙玉涵的妈妈

1998年12月19日

18年了，我从一个小姑娘变成了一个小姑娘的妈妈，从住学校宿舍到有了自己的房子。这18年中，我先后搬了4次家，每一次，我都用心地把信收好，因为这封信给了初为人师的我很大的鼓舞，我没想到自己会对一个孩子有如此大的影响，那一刻我看到了老师的力量。

再说一下我和许翰（化名）的故事。

2012年秋，我担任三年级（1）班和三年级（2）班两个班的数学老师，同时担任（1）班班主任。

那时三年级（2）班有个叫许翰的男孩子总是不按时交作业，我和他的妈妈沟通过几次，也多次和这个孩子谈过话，可是就是没有效果。

有一天，这位妈妈来到学校与我沟通，我把许翰叫到了办公室，我和他妈妈一起说了很多，但是他丝毫没有被触动。后来，我闲聊一样地说：“昨天，我在三年级（1）班和同学们开了一个班会，主题是‘如何让妈妈成为一个幸福的妈妈’。我问（1）班同学，对于一个妈妈来讲，什么才是最大的幸福？是成功的事业？还是富裕的生活？答案都不是。对于一个妈妈来讲，最大的幸福莫过于自己的孩子听话、懂事、上进。你看看你的妈妈，今天还上着班，听到你作业没做，班都不上就过来了，至少今天上午妈妈是不幸福的。”

就在这时，在我看来这个“刀枪不入”的孩子瞬间泪崩，哭得很伤心，我就没再说什么。没想到下午从不肯做作业的许翰，把作业本主动送到了我跟前。大家很难想象，就是这个曾经天天不做作业的孩子，后来成了我班数学成绩最棒的。再后来，我给他封了一个“小官”——数学班长，他开心极了。

2013年8月，我被安排到山海天实验小学工作。

许翰的妈妈听说后找到我说，很感谢我改变了他的儿子。从上小学开始，他儿子的学习很让她头疼，没想到在我的教育影响下变得认真学习了。还说怕我走后，没有我的鼓励，他的儿子会不会又回到起点?

这时，许翰在我们不远处玩耍，我就把许翰叫过来说：“许翰，你的数学成绩真是太棒了，老师要走了，真是不舍得你啊！我们做个约定好不好？等我去了山海天实验小学，你每次考试完，都给我打个电话，和我分享一下你的喜悦。”许翰说：“好的，丁老师！”然后问我，“老师可以抱抱我吗?”瞧！这是一个多么可爱的孩子啊！

2013年9月的一天中午，我正在外边办事，很忙。突然电话响了，接起电话，传来许翰清脆而高亢的声音：“丁老师，我数学考了满分！”尽管很忙，我还是放下了手头所有的事情，很认真地表扬了这个孩子，并向他表示感谢，感谢他记得和老师的约定，感谢他的优秀表现，感谢他带给我的荣耀！

我想说，我们只要用心去做事，用心去带学生，用心去感受教育带给我们的幸福，我们就一定会是快乐的，成功的。

二、享受工作快乐

1999年元旦，我结婚了。那天是星期五，我请了一天假，接着下周一，便去上班了，一天的婚假都没有休。

2000年，我的女儿出生了。我的产假按规定到10月1日结束。但9月1日开学第一天，我便一早来到学校，走进了我的班级。

2013年8月，我来到山海天实验小学任教。在这所学校，我教了两个班的数学课，同时担任学校办公室主任工作。两年时间里，我加了多少班，熬了多少夜，从来没有统计过。

有一天，我看到一个故事：

> 一个上了年纪的木匠准备退休了。他告诉他的雇主，他不想再盖房子了，想与他的老伴去过一种悠闲的生活。他虽然很留恋那份报酬，但他该退休了。雇主看到他的好工人要走，感到非常惋惜，便问他能不能再建一栋房子，就算是给他个人帮忙。木匠答应了，但随着时间的推移，显而易见，他的心已不在工作上，不仅手艺退步，还偷工减料。木匠完工后，雇主来看房子，并把前门的钥匙交给木匠。“房子归你了。”他说，“这是我送给你的礼物。”木匠感到很震惊！太丢人了！要是他知道他是在为自己建房子，他做事的方式就会完全不同了。他以这种方式结束了他所热衷的事业，令人感到遗憾。

万事同理。我们每天都在书写自己的人生，往往并没有竭尽全力，最后我们也会吃惊地发现，我们将不得不住在自己建造的“房子”里。如果我们可以重来，情形就会大不相同，但我们无法回头。

有人说：生活就是自己做的一项工程。你今天做事的态度和所做的选择，筑成你明天要住的“房子”。我们今天做事的态度，决定了我们明天存在的状态。在单位，有些人整天勤勤恳恳，这些人一定是受人尊重的。相反，有个别人整天吊儿郎当，今天请假，明天迟到，他可能一时没有损失什么，但是日久天长，便会失去大家对他的尊重和信任。

马斯洛需要层次说认为，每个人除了生理需求、安全需求、社会需求，同时还有尊重的需求和自我实现的需求。我们都是有知识、有文化的人，我们要懂得尊重别人，也要让别人尊重我们。同时，我坚信勤奋优秀、努力工作的父母一定会培养出好孩子，那些打着关心自己孩子、照顾自己孩子的旗号，整天不好好上班的老师，其拖沓的工作作风定会影响到孩子的人生观、价值观。我们为什么工作，从个人层面上说，是实现自己的人生价值；从事业层面上说，是为党育人，为国育才。所以，我们今天做事的态度，决定了我们明天存在的状态。我始终相信，天道酬勤。

我在网上看了一篇文章——《习近平“幸福十谈”》，在读到“生活的幸福”时，总书记说，人世间的一切幸福都需要靠辛勤的劳动来创造。

2014年冬天，全市城乡教学一体化现场会在我们学校举行。为了这次现场会，校领导和老师们从上到下都付出了很多的努力。离现场会还有一个星期时，我跟校长提议是不是做一个我们自己学校的专题片，展示一下学校的整体概况。校长同意后，我们向教体局领导提出了在现场会上展示学校专题片的申请。申请在周一上午给予批复。于是，我们开始忙碌于剧本的编写、专题片录制和剪辑。周六早上，校长看过片子后，认为不是很理想。于是，我来到金海岸小学，和负责给我们做片子的马老师一个镜头一个镜头地开始研究，重新剪辑。从周六早上到周日早上，我24小时没有回家也没有睡觉，把修改后的成片发给了校长，校长赞叹地说了一句：“这就是丁晓！”

我觉得如果有工作需要我们，说明我们有存在的价值。所以，我从不为加班感到委屈。努力工作，就是要证明我们存在的价值。

三、有一种快乐叫创新

学生时代的我算是比较优秀的，但是上班之后很长一段时间，好像除了被夸勤奋，我似乎得不到认可，总是与各种评优树先失之交臂。所以刚开始从教的那几年，感觉心理落差特别大，甚至有些沮丧和苦恼。有一点，尽管沮丧，但我从来没有放弃过做一名优秀老师的信念，我始终坚持努力着。

有一次，校长告诉我：“你虽然有形的东西没有获得多少，但是无形的东西你获得了很多，你拥有那么多家长和孩子的认可，这些就非常重要。”

在成长路上，我很幸运遇到了一位好校长，他很有格局，很有思想，给了我很多的鼓励。他从来不以这些“有形”的东西去衡量一个老师，非常看重一个老师实实在在的发展。校长的话让我开始琢磨：怎样做到“有形”和“无形”。

2003年，我在日照市实验小学工作，做二年级一个班的辅导员。有一次，学校里举行一个“少先队活动方案设计”评选活动。那时，我不但提出了活动方案，而且最后实实在在地去落实了这个方案。

当时，上学和放学的时候，家长都会一股脑儿涌到学校门口接孩子，以致校门口特别拥挤。于是，我设计了一个解决校门口拥堵问题的活动方案。

活动方案拿出来之后，一份上交了评选活动评审组，一份交给了学校的领导。申请学校给我两到三天的时间，批准我们班提前十到二十分钟时间放学，我要带孩子们去规范校门口秩序。校长或许内心怀疑我和孩子的能力，但是他却鼓励我说：“去做吧，试试看，批准了。”

我备受鼓舞，先在班里召开专题队会，然后印了几百份倡议书。放学的时候，我同孩子们站在学校门口，一有家长过来，孩子就主动迎上去，行一个队礼，礼貌地规劝家长到指定地点去接送孩子，并把倡议书发给家长，希望他们能够认真阅读。大家很难想象，只用了两天时间，校门口的拥堵现象就得以改善。

其实，实施这个活动，主要是利用了家长面对孩子“不好意思”的一个心理状态。活动的成功给了我很大鼓舞，孩子们的能力也得到了锻炼，获得了一份自信，收获了一种成功的体验。

2005年，我接手一个新的班级，要教两个班的数学课，同时担任班主任工作。在没有辅导员的情况下，怎样把少先队活动开展起来，还要开展得精彩？我思考了很长一段时间，做出了一个大胆的想法：把家长引进课堂。

有了这个想法，我就跟校长汇报了一下。校长肯定了我的想法，并鼓励我大胆去做。于是，我大胆开展了“家长进课堂”活动，孩子们和家长的热情非常高涨，活动开展得轰轰烈烈。

后来，我不但让家长走进了课堂，同时我和家长一起带孩子们走出校园，开展了很多丰富多彩的实践活动。

这一年，孩子们感到特别幸福和快乐。在整个活动中，我们感动着，快乐着，收获着，用现在的一句话说，我们真的“嗨”起来了。

是的，与孩子的成长和快乐相比，我觉得个人所谓“成与败”都算不了什么。

有人说，教育者的责任是成就学生，而不是自己！我喜欢这句话。同时我想说，我们在成就学生的同时自然地成就了自己。

我们可以反思一下自己，在教育教学过程中，我们到底是关注学生多一些，还是关注自己多一些？在工作过程中，我们想得更多的是成就自己还是成就学生？

举一个简单的例子，当学生考试成绩不理想的时候，你愤怒地把他们狠批一顿，且嘴上冠冕堂皇地说，都是为了他们好。但是扪心自问，你在内心深处是不是想过这些所谓“差生”影响了你的“成绩”？那么这时候你打着爱的旗帜批评孩子，孩子除了害怕，他们有没有对你的所谓关心领情。

我听过一个报告，报告人说：如果孩子说你不喜欢他，事实是你肯定不够喜欢这个孩子，孩子的感觉是不会错的，千万不要认为孩子小，不懂事。

我们有时会听到孩子说这样的话，“不喜欢××老师，就是不做他布置的作业”。我们听到时可能觉得可笑，但是想一想，是不是我们平时的一些行为让学生感觉我们过于关注成绩和班级的量化分数，而忽视了孩子本身的发展呢？

四、有一种动力叫学习

2006年，我脱产去读了研究生。当时为什么有这样的想法，就是因为在工作中看到了自己知识的匮乏。到2004年，我在教学一线已经工作了7年，积累了一定的教学经验，但是在和其他老师一起做课题时，我明显感到中专师范毕业的我理论层次太低了，亟需系统地学习，来一次充电，于是决心考研。

从复习到考试，我付出了很多的努力，至少英语这一关是相当难过的。那一年，我的孩子已经上幼儿园中班了，晚上睡觉仍需要人陪着，通常把孩子哄睡着了我自己也困得不行了，但是还是会坚持爬起来，学习到凌晨一两点。后来我考上了研究生，在脱产学习的日子，我非常珍惜这个来之不易的学习机会，学习很刻苦，很认真，从来没有旷过课。我没有把拿学历当成唯一的追求和目标，而是努力地实实在在地学知识。我的毕业论文有3万多字，改了13遍，最后论文答辩成功。

重新求学的过程，我收获了很多，很重要的一点是从一个妈妈、一个老师的身份回归到一个学生，除了知识的收获，我同时更能体会作为学生的心情，这对我后来重新回到工作岗位调整自己的教学行为很有帮助。

有人说，你读了研究生，教小学太没问题了。我想说，事实不是这个样子的，学习不是一劳永逸的，社会发展迅速，知识更新太快，如今，我再次感受到了自己知识的匮乏。

2013年，我被金海岸小学推荐为山东省特级教师候选人，在学校、市里经过了层层选拔，最后一关，我却退却了，因为我没有足够的信心站上答辩席，我觉得自己的知识储备还不够。暑假前，我又被金海岸小学推荐为“日照市小学数学学科带头人”候选人。这个假期，除了加班，更多的时间是在学习，最后疯狂充电，如愿以偿。

其间，我去青岛作了一次教师招考的评委。在整个评审过程中，我知道了什么叫“后生可畏”。那些年轻老师说课、答辩非常好，我又感觉到压力，觉得从现在开始我必须再进一步，不断进步。其实，不仅是我，每一位老师都需要更进一步，不断进步，做个有真才实学的好老师。只有我们拿出真本事，才能在社会上立足，教出好学生，赢得别人的尊重。

这两年，经常会有年轻的老师问我关于考研的事，现在我觉得考研不是学习的唯一途径，要想学习，每天都可以。我们要立足本职工作，做一名合格的老师。

我想说：既然选择了教师职业，就只顾做好教师工作中的每一件事，享受做教师独有的幸福感。

立足新起点，扛起新担当

2018年4月，我被组织选拔任命为山海天旅游度假区驻龙山小学校长，从此，开始了我的农村教育追梦之路。

“驻龙山小学”原名“普车沟小学”，始建于1984年6月，是一所村办联合小学。随着农村学校“扩改提”工程的实施，2015年8月学校整体完成搬迁，更名为“日照山海天旅游度假区驻龙山小学”。

由于多种原因，学校的发展并不理想。主要表现在学校教学理念相对滞后，发展目标不明确，教师团队人心涣散，教学改革亟待推进，学校没有形成自己鲜明的办学特色。特别是大量生源的流失，学校公用经费严重不足等，制约了学校的发展，学校面临撤并的困境。

来到这所小学，我深知肩上承担着学校的发展、教师的培养、学生的成长、社会的期许等重大责任。为此，我确立了“服务、人文、规范、创新、奉献”工作理念，着力在“精”字上下功夫，努力打造一所有温度的精品农村小学。

一是服务。牢固树立服务意识。师之所思，我之所想；生之所需，我之所为。教师第一，学生至上。从细节入手，从琐事做起，关心每一位教师，关爱每一位学生，全力做好师生服务的“勤务兵”，争做关爱师生的楷模。

二是人文。全力推进人性化管理，关注每一位师生的发展，推进师生精神家园的建设，密切干群关系，优化师生关系，以人性化的管理推动学校可持续发展。

三是规范。扎实推进现代学校制度建设，形成以规章制度为核心的学校管理体系，建立健全科学、规范、严格的议事规则、决策程序、工作规程和规章制度，规范办学行为，依法行政，廉洁从教，树立教育良好形象。

四是创新。创造性地实施教育改革和教学实践，创新理念，拓展思路，用先进的理念和思想丰富自己的头脑，敢于突破传统的束缚和范式，大胆尝试新的先进的方法和模式，做有思想的校长，办有内涵的学校。

五是奉献。牢固树立奉献意识，达高致远，宠辱不惊，以高度的责任心和使命感，探寻教育规律，施展教育智慧，引领教师队伍前行，促进教师专业成长，时时刻刻做学生的表率，时时处处做教师的楷模。

立足学校实际，在充分论证的基础上，我提出了“1234”治校策略，即确立一个中心，坚持两个原则，推进三个突破，实现四个素质提升。

确立一个中心。以“学生发展第一”为中心。作为一名校长，要把促进每个孩子的健康成长作为一切工作的出发点和落脚点，努力发展学生的核心素养，培养他们的必备品格和关键能力，实现“教育学生六年，奠基学生一生”办学理念。

坚持两个原则。一是以人为本原则。以人为本，是教育的本质和学校科学发展的核心。树立教师是学校第一资源的观念和促进学生终生发展的教育观、教学观、人生观和评价观，把学生放在课堂的中心，将教师发展、学生发展与学校发展紧密结合，促进学校科学发展。二是立德树人原则。把以立德树人为根本任务的育人模式落实在教学中。育人为本，德育为先，以立德树人统领教学改革，通过多种形式，使立德树人的办学特色根植于教育教学的全过程。加强社会主义核心价值观教育，帮助学生扣好人生的第一粒扣子。

推进三个突破。一是教学质量实现新突破。以解放思想、统一认识为先导，以明确目标、完善机制为动力，以教师队伍建设为战略，以创新学校管理为保障，以强化教育科研为途径，以加强和改进德育工作为突破口，实现教育教学质量的整体提升。二是内涵式发展实现新突破。

随着学校外部条件的逐步完善，学校发展的注意力应逐渐转向学校内部，必须在学校文化、师生发展和课堂教学等关键点上谋思路、下气力、求实效，以此来促进学校教育走上科学、持续、健康的发展之路。三是管理机制实现新突破。实现师生自我管理是教育工作追求的最高目标和最高境界。学校形成以情感为基础、以制度为规范、以目标为导向、以过程为关键的师生自我管理机制，并在执行中坚持全员育人导师制，引人“人人有事做、事事有人管”的工作格局，形成校园“无缝隙”管理网络，为学生创建安全有序的学习环境。

实现四个素质提升。一是校长个人素质提升。著名教育家陶行知先生说：“做一个学校校长，谈何容易！说得小些，他关系千百人的学业前途；说得大些，他关系国家与学术之兴衰。”由此可见，校长的素质提升是多么的重要。所以，作为校长，首先要加强学习，不仅要学习理论、学习法规，还要向他人学习好的经验和做法。同时要善于沟通，包括和老师、学生、家长以及前任领导，通过与他们的沟通，深入调查了解学校的过去和现在，对学校有一个整体把握。其次要加强思想修养，敢于担当，做好教师的坚强后盾。要廉洁自律，做到校务公开、财务公开、民主管理。最后要着力培养学生，成就老师，发展学校，真正做好学校师生思想的引领者，学习工作上的带头人，生活中的贴心人。

二是教师整体素质提升。学校通过致力于搭建教师发展平台，提升教师整体素质，塑造科研型教师。以读书为平台，开展多样阅读活动，实现教师理论的提升；以论坛为平台，依托校本教研，推动课题研究，侧重教师实践能力的培养；以展示为平台，展现教师自我成功；建立健全教师发展性、合作性等多元的评价体系，定期宣传展示教师素质提升成果，促进教师专业化成长。

三是家长素质提升工程。人民日报曾发表一篇文章《教育改革要从家长教育开始》。文中认为：中美教育区别可能很多，但大家都忽视了中国教育的一个重要问题：家庭教育缺失。为此，学校通过“专家专题讲座”“送教进社区村居”“家长座谈会”“家长开放日”等形式提升家长的教育理念，通过亲子书写、亲子读书、亲子运动会等形式让家长充分融人孩子的教育中来。其中，突出家访工作，认真征集各位家长意见，指导家庭教育的方法，全面提升家长综合素质，从而形成家校育人合力，破解学校教育发展的难题。

四是学生素质提升工程。学校聚焦学生核心素养，立足激发学生自主学习的兴趣和动力，构建适合学生个人终身发展的课程，广泛开展丰富多彩的德育主题活动，真正做到德育活动课程化，德育课程一体化。坚持开展一月一主题活动，创新活动组织方式，发挥学生的主体作用，让学生在自主活动中经受锻炼，提高能力。广泛开展六个一活动，即“养成一身好习惯、说好一口普通话、写好一手规范字、培养一门艺术兴趣、爱好一项体育运动、喜爱一项科学探究”，全面提升学生的综合素质。

一花一世界，一叶一菩提。驻龙山小学将立足学校实际，推动学校创新发展、特色发展，努力成为学生开心、教师舒心、家长放心、领导省心的一所学校，真正用质量、用品质赢得家长及学生的认可。

一个不放弃，一个不撒手

2022年1月，我收到某看守所一名“失足青年”的来信。信中，他向我表达了诚恳的致歉和痛心的忏悔。

这个案件，发生在2021年的暑假。

发生这样一件重大的违法案件，并与在校生有关联，是我始料未及的。

其时，任职伊始，我从净化校园环境入手，狠抓学生日常管理，营造了良好的学习氛围。然后，先后走访多个家庭，深入班级一线，在整顿治理校风校纪的过程中，我无意中触碰到这个案子。

开始，未曾料到问题的严重性，甚至想从维护学校的声誉和保护未成年人的角度，试图管控事态发展。但是，随着调查的不断深入，暴露出的问题并不是学校能够解决的，已经触碰了法律的红线，只能依照法律处理。法律无情，不可逾越，法律面前人人平等。作为一名校长，我有责任保护好学校里的每一个孩子，这是我的职责。

但最终，参与违法活动的这个“问题学生”受到了法律的制裁。

虽然这种极端案例极少发生，但在走访和调查中，我发现了许多令人担忧的问题。特别是设立“校长意见箱”之后，我发现学生举报了一些假期外出打工的、课间饭后吸烟喝酒的，甚至校园欺凌、辱骂教师等问题。而这些学生普遍存在家庭教育缺失、学习失去信心、心理不健康等问题。

针对这些学困生，我陷入了深深的思考。

我们要从自己做起，从现在做起，多一些纯粹，少一些功利，多一份务实，少一份浮躁。因此，我们必须确立“一个不放弃，一个不撒手”的管理理念。

我们知道，教师都喜欢好学生，对好学生的爱谁都能做到。但喜欢一个“学困生”，并想办法转化他，才能看出一个教师的最高境界，才能体现教师的责任和智慧。作为学校，有义务有责任追求公平，平等对待每一个学生，促进每一个学生健康快乐成长。

苏霍姆林斯基说过：“教育必须是小心翼翼地去触及那些幼小的心灵。”给他们一个被别人认可的机会，使其重新认识自我，赏识自我，这便会在其幼小的心灵中，点燃追求进步的火把。

最大限度地减少“学困生”，根据具体情况制定合适的教学策略，培养学生的知识素养和人文素养，为孩子的一生幸福奠基，学校和教师责无旁贷。

一、从学校层面上加大对“学困生”的管理

广泛宣传，形成共识。实施素质教育，是时代的需要，而素质教育的精髓就在于面向全体学生，使每个学生都全面、主动地发展。这是每一个教师的职责。学校要加强对做好“学困生”工作的认识。在“学困生”问题上，我们确立正确的观念：一是“学困生”不是天生就差。有的是由于社会环境因素，如家庭关系、交友关系、师生关系；有的是由于学校教育因素，如个别教师教育方法不当，引导不得法，简单粗暴，缺乏细心、爱心、耐心。二是“学困生”不是一切都差。在他们的身上，往往专长突出，特长明显。在这些专长、特长中闪烁着智慧的光芒。三是“学困生”今天差明天不一定差，现在差将来不一定差。当年的“学困生”现在成为企业的强人、社会的能人、家乡致富的带头人比比皆是。四是“学困生”表面差实质并不差。从表面现象上看，人们可能认为这孩子智商不如他人，实际上他们有自己的独特思维。

所以，对于“学困生”，我们要明确责任，齐抓共管。一件事往往说

起来容易做起来难，没有制度作保障，督导检查跟不上，就会流于形式。因此，学校成立“学困生”转化领导小组，制订“学困生”转化工作计划，做到分工负责，责任到人。学校每学期要和班主任签订“控辍责任书”，落实目标责任制。每学期学校要对班级“学困生”进行登记，建立“学困生”档案。实施“学困生”导师制，上至学校领导下至班主任和科任教师，都进行“学困生”责任承包。定期谈话，个别辅导，促进“学困生”的转化。学校教学工作的最大价值取向是获得高水平的教学质量，而“学困生”的存在势必影响到班级教学质量的提高。学校逐步建立起新的教学测控体系，实施阶段性测试评价，使教师和学生及时掌握自己教的状态和学生学的状态，并进一步调整教与学，使之趋向优化，经常保持最佳状态。在评价教师教学质量时，不仅看优秀率、合格率、平均分，还要看“学困生”的转化率。这一举措促使教师不放弃任何一个学生，杜绝再生新的“学困生”。

二、从教师层面上创新教育方法

一是改革课堂教学。改革课堂教学是转化“学困生”工作的主要措施。教师备课时，要多为“学困生”着想。上课时，要尽量给他们创造一些提问、回答问题的机会。进行课内练习时，应及时给予辅导。实践表明，坚持课堂巩固才能有效地防止“学困生”日益落后、积重难返现象的出现，才有可能稳步提高“学困生”的学习成绩。学校根据各年级具体实际，逐步推行分组教学，建立“微共体”，促进学生自主学习；并以团体成绩为评价标准，共同完成教学目标，积极倡导课堂教学的优质高效。只要教师能够采取合适的目标、合适的教学方法，不断地树立学生的信心，用精彩的活动充实他们的每一天，一定会培养他们积极向上的心态，刻苦学习，形成正确的人生观、世界观和价值观，促进教育教学质量的全面提高。

二是实施多元评价。传统的教学评价观以分数为标准，如果用这样的尺度来衡量，一部分“学困生”难以达到优秀的标准。这种评价方法不利于开发学生的潜能，不利于提高其生理、心理素质，不适合学生全面发展。教师在转化“学困生”的同时，要及时转变自己的教学观。衡量“学困生”的进步，要让他们自己与自己比，今天与昨天比。允许学生出现反复，充分相信他们的智力和能力，只要有了一点进步，就应该加以鼓励，让他知道努力的结果，通过努力就能提高，就会成功。教师应给予足够机会让学生对学生、对教师、对自我进行评价，形成评价主体客体多元化的格局。为此，学校设立“学习之星”“文明之星”“体育之星”“孝亲之星”等多项荣誉，让每一个学生都享受到成功的快乐。

三是推行赏识教育。赏识从本质上说就是一种激励。有研究发现，一个没有受过激励的人仅能发挥其能力的20%～30%，而当他受过激励后，其能力是激励前的3～4倍。由此可见，赏识教育对“学困生”的转化是何等重要。一个人只要体验到一次成功的欢乐，就会激起无数次追求成功的欲望，对于“学困生”来说更是如此。但是大部分“学困生”在学习上有严重的惰性，缺乏学习的主动性，没有养成良好的学习习惯，因此教师必须使他们明确学习目的，端正学习态度，激发学习兴趣，强化学习意志，养成良好的学习习惯，逐渐克服思维上的惰性，以非智力因素来弥补智力因素上的不足。在课堂教学中，教师要注意分层教学，创设情境让“学困生”主动参与，创造机会让“学困生”表现自己的才能，减少“学困生”学习中的挫折感，使他们尽可能多地获得教师的表扬和同学们的赞许，增加学习的自信心，提高学习的兴趣。

四是加强交流沟通。班主任和科任教师应该加强和“学困生”的交流和沟通，时刻掌握他们的学习状态，及时调整，及时干预，帮助他们走出困境。对于那些一直在学习，一直在努力，效果却不明显的学生，更要与学生和其家长经常沟通。同时，通过家访、家长开放日、家长座谈会等形式，帮助学生排解心头的苦闷，寻求家长支持。因为这是学生能否坚持、能否突破自我、能否突破学习瓶颈的动力。这种沟通交流不只是班主任的责任，而是所有教师的共同职责。教师还要处处严格要求自己，做到上课充满激情，对学生一视同仁，特别要尊重和关心“学困生”。要尽量避免语言或态度的不慎，挫伤他们学习的积极性和脆弱的自尊心。教师还要严于律己，用良好的修养、人格的魅力去吸引他们，正所谓"亲其师，信其道"。俗话说：数子十过，莫如奖子一功。教师要让"学困生"真正明白，学习有困难不要怕，重要的是积极主动与教师配合，共同去把学习大道上的障碍物搬掉。

五是丰富校园生活。为了切实减轻学生的课业负担，培养学生的创新实践能力，学校要为学生搭建"挖掘潜能，展示自我"的平台。教师在充分掌握学情的基础上，积极组建学生社团，开展丰富多彩的活动，培养学生的个性特长。为此，学校成立了书法、摄影、绘画协会，组织各类兴趣小组，如理化生科技组、音体美艺术组、电脑信息组、地理环保组等，给学生的特长发展提供实践、展示的空间，拓展学生的知识面，提高学生的实践活动能力，提升学生的综合素质。

三、从家庭层面上加强家校共建

学校广泛开展家庭教育系列活动，通过举办家长开放日、家长开放周、家长接待日等活动，邀请家长走进学校，了解学校教育教学状况，听取合理化建议。要积极开展家访活动，并通过"线上交流、线下走访"的形式，耐心细致地听取家长对班级管理的意见，虚心征求家长对学校工作的建议，做到"调研环节，深入一步；具体措施，精细一步"。聘请优秀家长举行家庭教育专题讲座，拓展教育资源，开阔家长眼界，丰富教育内容。召开家长会要有针对性地交流学生在校在家学习成长情况，积极开展"亲子共读""亲子共游""亲子共写随笔"等活动，利用班级微信平台、班级QQ群等方式，广泛宣传科学教育方式，引导广大家长树立新的教育观、人才观，根据学生的心理特点和成长规律，科学施教，促进学生健康快乐成长。

四、从社会层面上加强警校联动

我们积极构建公安、学校、家庭、社区"四位一体"法治教育机制，实现法治教育和行为干预的"三融入"，即融入教学管理、融入家校共建、融入社区关注，以常态化的法治教育，精细化的班级管理，抓在日常，严在经常，进一步加深学生对违法犯罪危害的认识，培养尊崇法治、敬畏法律、严格守法的意识，净化校园环境，营造安全氛围，有效维护未成年人的合法权益。

教育的本质是什么？教育的本质就是人的发展。教育的过程就是发掘人的天性、潜能以及潜在价值的过程，教育的目的是倡导学生全面发展。因此，“一个不放弃，一个不撒手”是我们不懈的追求！

让每个孩子健康快乐成长

“每个孩子都是一个家庭百分之百的希望，学校应该让每个孩子健康快乐地成长。无论是在城区学校还是在农村学校，任何时候，都不能放弃任何一个孩子。”这段话犹如冬日里的一缕暖阳，温暖到每位教师的心底。

近段时间以来，两城中学立足农村初中学校实际，从深化全员育人工作入手，以“双减”为契机，认真落实《中华人民共和国未成年人保护法》，不断丰富育人途径，在两城街道派出所的支持下，构建警校共建法治教育机制，携手实施“阳光护花”行动，学校风气焕然一新。

两城中学是一所富有深厚文化底蕴的农村老校。近几年，随着城镇化进程的推进，学校不可避免地受到一定程度的冲击，特别是由于农村家庭教育的缺失，学生学习两极分化现象突出，个别学生上课睡觉、厌学。再加上初中生处在一个半幼稚半成熟的时期，其辨别能力、自制能力不强，校园欺凌现象和日常违规违纪问题屡禁不止，作为一名教师看在眼里，急在心里。

面对学校管理的“难点”“痛点”和影响教育发展的“短板”，新学期开始，以校长为“班长”的学校新一届领导班子从为党育人、为国育才的教育目标出发，坚持“一个不放弃，一个不撒手”的教育理念，立足农村学校实际，从深化全员育人工作入手，积极构建公安、学校、家庭、社区“四位一体”法治教育机制，打造了一支以班主任为核心，民警辅警担任班级法治辅导员的高素质的法治教育队伍，全力推进警校共建“六项工作”(创建一支普法骨干队伍，打造一个心理共育阵地，上好一堂法治主题班会，开展一项联合家访活动，推进一项结对帮扶工程，开展一项合作实验课题)，取得了显著的教育成效。

“平安校园的建设，绝不只是学校里的事，个别学生在学校表现很好，出了校门却被社会上的‘问题青年’带坏。针对这个问题，我们也特别感谢两城街道派出所所长。她在学校外围做了很多工作，尽最大努力肃清了校外障碍。”谈到警校共建平安校园，我对两城派出所竖起了大拇指。不仅如此，做班级辅导员工作的两城派出所警员们也受到孩子们的热烈欢迎。

“对孩子们进行普法教育，教学内容必须浅显易懂，因为只有孩子们喜欢听、听得懂，教育效果才会更好。”两城派出所所长说。青少年心理健康教育是法治教育的关键。为抓住法治教育的这个“牛鼻子”，学校在建设高标准“青春健康俱乐部”和“心理健康咨询室”的基础上，筹建警校心理共育工作室，定期组织班级法治辅导员走近学生，通过一对一、面对面的交流沟通方式，进行全面的法治教育。每学期每班级举行一次法治教育主题班会，让每一位法治辅导员走进学生中间，以案说法，答疑解惑，深入开展校园反欺凌、反暴力等安全教育，引导学生明确法律底线。

“我们要走近学生，及时把孩子们‘萌生’的不好‘枝杈’修剪掉，让他们真切地感受到法律的重要性。”对待“问题学生”，警校联合开展家访活动。在确保学生隐私的基础上，学校要多方位考虑，做到“备学生、备家长、备家庭”，全面了解学生的成长环境和家庭教育，共同探讨学生健康成长的有效途径。学校和派出所建立“问题学生”帮扶转化机制，每学期对班级“问题学生”进行排查登记，按照全岗位育人、全时段育人、全方位育人、全课程育人和全过程考核的“4+1”管理机制的规定，让每一位教师做好“问题学生”转化成长的导师，对学生的日常行为和全面发展负责，实现教师对学生思想上引导、学习上辅导、心理上疏导、生活上指导。每一位法治辅导员负责3名“问题学生”，做到转化学生全方位，帮扶家庭无盲区；警校双方通过课题研究活动，掌握未成年人的心理特点、教育重难点和科学的教育方法；定期组织家庭教育论文、家庭教育叙事等评选活动，总结家庭教育的先进经验，推动家庭教育收到实效。另外，学校利用线上教学平台优势，精心录制法治教育精品微课，推荐家庭教育精品课程，满足学生和家长线上学习需求，全面开展家校合作的法治教育。

处无为之事，行不言之教

老子是道家学派的创始人，“道”作为老子哲学的最高范畴，是老子思想体系的最重要的部分。他主张无为而治，不言而教，一切顺应自然的做法对后人影响很大。

管理就是让人做事并取得成果。管理的科学性就在于让人高效地做事。管理的艺术性就在于让人愉快地做事。管理的战略性就在于让人正确地做事。

管理者要做到“四心”：管人要管心，管心要知心，知心要关心，关心要真心。

我们知道，教育思想是办学的灵魂，教学质量是办学的生命，学校管理是办学的关键。因此，校长的管理就是抓住灵魂，把握生命，抓住关键。教师是复杂的脑力劳动者，其劳动过程的复杂性和创造性、劳动对象的多样性和可塑性、劳动方式的个体性和灵活性、劳动成果的集体性和社会性，都说明教师这个职业需要丰富的知识储备和较高的管理能力，教师的价值体现就是自我实现。而规章制度管理只能解决“不可这样做”的问题，不能解决“如何做得更好”的问题。因而，传统的制度管理暴露了许多局限性，人性化管理将成为管理创新的突破口和提高管理效能的新的生长点。

那么如何实现人性化管理，全面推进学校的有效管理呢?

一、让每一位教师参与学校管理

现代学校管理必须建立健全科学的民主管理制度，给予教师合法的参与管理的权力，让教师充分参与到学校的管理中来，才能促进学校的有效管理，而教职工代表大会制度则是实现学校民主管理的重要方式与路径。

一要建立长效机制。教职工代表大会作为教师参与管理的重要机构，应当成为校长与普通教师沟通的渠道、交流的桥梁。只有保持沟通渠道的畅通无阻，教职工代表大会才能对学校管理产生积极的作用。要保障这种沟通渠道的畅通，就需要将教职工代表大会常规化，规定教职工代表大会召开的时间以及启动程序，保证教职工代表大会能够按时正常召开。只有这样，教师在学校重大事务决策之时才能够及时与管理者沟通。

我们倡导：教职工想知道的，就是需要公开的；教职工不满意的，就是需要改进的；教职工有疑虑的，就是需要加强的。

二要完善沟通渠道。学校要建立常规的沟通渠道。在学校日常管理中，校长应当给予教师反映问题与参与管理的平台与机会，以保证教师能够及时与管理者有效沟通，实现有效参与。校长要胸怀坦荡，树立高度的服务意识。重要决策要有教职工的参与。教职工对制度的接受程度决定着制度实施的成功与否，最佳的决策需要让尽可能多的教职工参与进来。

我们倡导：从细节人手，从琐事做起，关心每一位教师，关爱每一位学生，让每一位教师过上幸福完整的教育生活，让每一位学生过上幸福快乐的学习生活。

三要坚持校务公开。教职工代表大会制度的真正目的是保障教职工参与民主管理与监督。对于教职工代表大会提出的中肯意见以及合理化建议，应及时采纳，整改行动需要接受教职工的监督。教职工代表大会对于学校管理中存在的问题有权进行质询，这需要学校管理者的积极配合。

我们做到：每学期开学前，学校召开教职工代表大会，学校发展的目标、学校年度工作重点、学校人事安排等重大问题均由校委会、教代会通过，让全体教师参与讨论，使每一位教职工以主人翁的精神参与学校全方位的民主管理。坚持校务公开，学校的党建、财务、基建、职评、评先、考核、福利、教学、政教、培训、后勤等工作情况，全部张榜公示，增强广大教职工参与学校管理的意识，加强学校的民主建设和廉政建设，让政治的透明度和财务的透明度成为一种无形的凝聚力。

二、让每一位教师感受成功的喜悦

一所学校就是一座大熔炉，要让教师在这座大熔炉中经历淬炼过程，锤炼思想，锤炼方法，锤炼技艺，学校就必须提供优质的平台，让教师大显身手，展示魅力，绽放激情。学校应注重营造良好的研究氛围，为教师搭建教学实践的多层平台，让不同层面的教师在舞台上发展个性，尽展风采。

一要注重为中层干部搭建管理比赛场。积极探索和改革管理模式。实行学校处室和年级主任“纵横双向”负责制，形成“整体统一，分管具体，职责分明，优质高效”的管理模式，提高学校管理效能。全面落实“教干周听评课制度”。学校教干深入教学第一线，每周参加一次听评课，全面掌握教育教学新情况、新问题，积极探索素质教育新途径、新方法，营造良好的学习氛围。

二要注重为全体教师搭建教学训练场。每学期，学校确定“教学练兵月”，制订翔实的教学练兵活动方案，各学科围绕一个主题开展教学训练活动，人人执教公开课，人人参与互听互评研讨，人人做好教学反思。在训练场中，每位教师都能得到锻炼，增长见识，提升对课改的认识。实施“青蓝工程”，新招聘的青年教师与教学经验丰富、管理水平较高的校骨干教师开展“青蓝结对”活动，以实现青年教师“一年合格，三年成熟，五年骨干，七年名师”的发展成才目标。

三要注重为骨干教师搭建教学比擂场。每学期，学校都要组织骨干教师参加教学比擂，促进他们不断进步，不断成长。“同课比擂”让教师博采众长，集思广益；“同课点评”让教师对问题的思考更有深度和广度。将骨干教师置于比擂场上，让他们参与竞争，在竞争中向同伴学习，在竞争中反思自己，在竞争中不断进步。

三、让每一位教师享受职业幸福

优秀的教师团队是学校发展的核心竞争力，作为学校领导者，要关心每一位教师的生存状态，关注教师团队精神的培养和团队力量的凝聚，努力打造具有团队意识、合作能力、进取精神的教师团队，让教师体会到大集体的温暖。

一是信任。教师是学校的主人，是办好学校的关键因素之一。随着时代的发展，社会的进步，教师对民主的要求越来越高，越来越迫切。我们既不认可盛气凌人的训斥和简单粗暴的管理，又不认可不负责任，让教师我行我素、放任自流的管理。因此，在制度管理下，学校要充分信任每一位教师，积极创设出一种民主和谐宽松的环境，让大家心情舒畅，和睦共处，既能自我约束又能自我完善。

二是沟通。有人说，管理的本质就是有效的沟通。是的，人与人的相互理解贵在沟通交流，而沟通交流的前提是换位思考。通过换位思考，管理者可以了解教师的心理需求，感受到教师的情绪；通过换位思考，管理者可以看到教师的工作优点，给予对方真诚的鼓励，使团队工作和谐高效；通过换位思考，管理者才有可能真正走进教师的心里，才能得到教师的支持和拥护，让教师切身体会到学校的关心与温暖。

三是尊重。教师作为特殊的脑力劳动者，普遍具有强烈的自尊心和自我表现欲望。教师对尊重的需要高于对物质的需要，对实现自我价值的要求高于对金钱的追求。其最大的愿望是精神上的鼓励，事业上的成功；最大的苦恼是精神上的创伤，能力上的缺失。因此，学校决策者在工作实践中，要努力构建教师激励机制，实施多元评价，全面评价教师劳动，综合考评教师工作，做到客观公正，民主公开，导向明确，务求实效，尽量满足教师的不同层次需求，以此来调动广大教师的积极性。

四是开展五个一“暖心工程”。学校领导要经常与教师交流，倾听心声；每月要向教师征集一次建议，并作答复；每学期要举行一次教学成绩表彰，激励教师工作积极性；每年要为每一位教师赠送生日蛋糕，送上学校对教师的美好祝福；每年要召开一次教师代表大会，传达学校工作重点和工作安排，增强学校工作透明度。通过积极构建文明和谐的育人环境，让教师的精神和人格得到自由发展，让教师的职业意识、价值取向、教育思想与学校的主体文化协调一致，融入学校文化的主流。

总之，学校管理是一个复杂的系统工程，涉及师生、家庭、社会等各方面。在民主意识高度发展的现代社会，教师管理要做到制度管理与人性化管理相结合，即制度管理和人性化管理相互融合，从而达到“处无为之事，行不言之教”的有效管理境界。

让他们站在C位，享受高光时刻

山海天实验小学自2013年建校以来，一直坚持为每位退休教师举办退休仪式，让他们面对全体教师，站在C位，做一回主角。

这些老教师在教育战线上，奋斗了一辈子，真的是默默无闻，无私奉献。过去，学校都会为学生精心准备一场盛大的毕业典礼。可是从教近20年来，我经历过太多老教师退休，他们都是默默地离开了自己几十年的工作岗位，没有鲜花，没有祝福，甚至什么时候走的同事都不一定知道。每当这时，我总是会为这些老教师感到一丝心酸。

刚刚来到山海天实验小学，我发现这里年长的教师特别多。当时的尚洪兵校长就提出，每一位老教师在退休的时候，我们一定要给他们举行一个退休仪式。尚校长的想法让我很感动。

记得我爸爸退休那天，作为日照发电厂的一名职工，单位举行了茶话会，欢送爸爸和他的几位同事退休。茶话会上，爸爸和同事们畅所欲言，表达了自己多年来对单位、对同事的感情。虽然病退是爸爸自己提出来的，但是真正面对退休时，爸爸的心情还是很复杂。但是欢送的茶话会让爸爸很感动，他回家后跟我描述了当时的场景。作为女儿，我非常感谢单位领导给予爸爸的这份尊重，并且这份感动一直在我内心保留着。

记得学校的第一个教师退休仪式是给李照红老师举行的。退休仪式怎么办？当然要有领导的致辞，要有同事的祝福，要让退休的教师坐在主席台，让他做一回真正的主角！但是最关键的是，作为老师，他们成就了一批又一批的学生，老师的退休仪式最不能少的是他的学生！

在向李照红老师的学生发出邀请的时候，我的内心是战战兢兢的，唯恐他们不以为意地予以拒绝。可是让我感动的是，在我们先后组织的五次教师退休仪式中，邀请的几十名学生，没有一人拒绝过；相反，他们在电话里总是不停地感谢我们，感谢学校为老师举行的仪式。

那天，李老师退休仪式即将开始，我牵着李老师的手走进了会议室。早已等候在那里的学生看到李老师后，齐刷刷地站起来，捧着鲜花走向李老师。

欢送会上，尚洪兵校长代表学校充分肯定了李老师为教育事业所做的贡献，对他35年来的辛勤耕耘，表示衷心感谢，祝愿他老有所乐，健康长寿，并邀请他常回学校看看。他的学生代表也做了发言。

李老师的退休感言说得很简单、很实在。他说，昨天他围着学校转了两圈半，却没有走进来，因为自己退休了，这里不再有属于自己的岗位，心里有一种说不出的滋味！他还说，前几天去办理退休手续，只交了两张照片和一张身份证复印件，就结束了。35年的教育工作一瞬间就结束了！李老师说："舍不得！"说实话，尽管我还年轻，可是李老师这样说的时候，我内心很有感触。

李老师简单质朴的话触动了每一位老师的心：珍惜当下，好好工作。年轻时如果不好好干，等到老了想干都干不了。所以这样的退休仪式，感动的不仅仅是退休教师和他的学生，还有我们所有的同事。最重要的是，这样的一种仪式成为学校最为生动的师德教育课。

每一次每一位教师的退休仪式都有太多让我们感动的故事。

记得2014年底，我们决定给退休的丁元香、臧旺盛、李希明、张守娥等4位老师同时举行一个退休仪式。我们早早开始酝酿这次退休仪式，并向他们的学生发出邀请。其中，丁老师的一个学生在南京工作。说实话，在向他发出邀请的时候，我内心很犹豫，毕竟路程太过遥远，工作也特别繁忙。没想到电话打通后，他的学生非常热情，说丁老师是他的恩师，无论多忙都会回去。

退休仪式上，张守娥老师数度哽咽。她说，她舍不得同事，舍不得自己的岗位和学校。青年教师代表为退休教师敬献鲜花，并立志传承老教师的奉献精神，做个合格的人民教师。

退休仪式过去很久了，但是丁元香老师的学生的短信我一直留着，因为每当看到这些短信，对自己就是一种鞭策，我一定要做个好老师，做一个像丁老师一样让自己学生一生都喜欢的好老师。

耿耿园丁心，浓浓惜别情。教师的退休仪式体现了学校人性化的管理，凝聚了团队力量，升华了教育情愫，是一堂别样而温情的师德教育课。

树立学校精神旗帜，打造学生出彩人生

文化是一个地方的记忆和根基，是一个地域的灵魂和精神。两城诚信、智慧的民风，是几千年来文化的积淀，而这种积淀需要不断纳新，需要永续传承。

始建于1964年7月的两城中学，根植于两城龙山文化的深厚底蕴，正努力打造“诚·智”文化，培养学生真诚面对生活、智慧面对世事的能力，为学生打造出彩人生。

学校文化解读

学校办学理念：尚诚·尚智。诚，形声字，从言，成声。《礼记·中庸》有云：“诚者自成也，而道自道也。诚者物之终始，不诚无物。”其含义是：一切事物的存在皆依赖于“诚”。有诚心的人，不但成就自己，而且能成就他人。努力求“诚”，以达到诚的境界，是为人之道，是最大的快乐。

智，形声字，从日，知声。《论语》有言：“智者不惑，仁者不忧，勇者不惧。”其含义是：有智慧的人不会迷惑，有仁德的人不忧愁，勇敢的人不会畏惧。《荀子·天论》有言：“大巧在所不为，大智在所不虑。”其含义为：最大的技巧在于有些事情不去做，最大的智慧在于不考虑不应该考虑的问题。因此，我们的教育目标是做讲诚信有智慧的人。

由“尚诚·尚智”的办学理念引申出：

(1) 校训：诚信于世，智慧于事。

诚信，守信真诚。孔子有言：“人而无信，不知其可也。”其含义是：人要是失去了信用或不讲信用，不知道他还能做什么。孟子有言：“诚者，天之道也；诚之者，人之道也。”其含义是：诚实是天地之大道，天地之根本规律；追求诚信，则是做人的根本原则。”

智慧，聪明才智。孔子有言：“智者乐水，仁者乐山。”其含义是：智慧的人喜爱水，仁义的人喜爱山；智慧的人懂得变通，仁义的人心境平和。墨子有言：“若此之使治国家，则此使不智慧者治国家也，国家之乱，既可得而知已。”其含义是：让没有智慧的人治理国家。国家混乱，已经可以预测了。

(2) 校风：明德求真，励志图强。

明德，追求善良光明的德性；求真，发现事物发展的客观规律。《大学》有云：“大学之道，在明明德，在亲民，在止于至善。”

励志，唤醒一个人的内在创造力。图强，振作精神，以求强盛。《周易》有言：“天行健，君子以自强不息；地势坤，君子以厚德载物。”《墨子》有言：“志不强者智不达。”

(3) 教风：学高身正，敬业爱生。

学高，是指教师应具有广博的学识，对时代与生活有敏锐的感知和扎实的技能，以为培育后代安身立命为根基。师者唯有“学高”方可“传道、授业、解惑”。扎实的知识功底、过硬的教学能力、勤勉的教学态度、科学的教学方法是教师的基本素质。

身正，是指教师应具有良好的品行、高尚的情操，在思想、道德、行为等方面光明磊落，抱诚守真，高风亮节。孔子有言：“其身正，不令而行；其身不正，虽令不从。”师者唯有“身正”，方可立己树人。教师对学生的影响，离不开教师的学识和能力，更离不开教师为人处世、于国于民、于公于私所持的价值观。教师是学生道德修养的镜子，应该取法乎上、见贤思齐，不断提高道德修养，提升人格品质，并把正确的道德观传授给学生。

敬业，出自《礼记·学记》：“一年视离经辨志，三年视敬业乐群”。教师要始终同党和人民站在一起，自觉做中国特色社会主义的坚定信仰者和忠实实践者，忠诚于党和人民的教育事业。要用好课堂讲坛，用好校园阵地，践行社会主义核心价值观，用自己的学识、阅历、经验点燃学生对真善美的向往。

爱生，是说教师要有仁爱之心倾情关爱每一个学生。爱是教育的灵魂，没有爱就没有教育。好教师要用爱培育爱、激发爱、传播爱，通过真情、真心、真诚拉近师生的距离，滋润学生的心田。好教师应该把自己的温暖和情感倾注到每一个学生身上，用欣赏增强学生的信心，用信任树立学生的自尊，让每一个学生都健康成长，让每一个学生都享受到成功的喜悦。

（4）学风：博学敏思，明辨笃行。

博学，知识渊博。敏思，才思敏捷。明辨，明确分辨。笃行，专心实行。《礼记·中庸》有言：“博学之，审问之，慎思之，明辨之，笃行之。”《礼记·儒行》有言：“儒有博学而不穷，笃行而不倦，幽居而不淫。”王阳明有言：“知行合一。”

引领是教育的最高境界。一所学校需要以一种鲜明的精神作为核心文化，作为引领，以达到文化立校、文化立人的目的。

打造“诚·智”文化

一、引领“诚·智”精神高地

学校重视“诚·智”文化环境建设，创设文化育人情境，彰显教育无穷魅力，给师生创造一个有形而庄重的心理“磁场”，在无形中统摄学生灵魂，促使学生健康成长。

卓尔不凡的校园文化。两城中学校园划分“五楼六园二区”：“五楼”即文智楼、行建楼、艺慧楼、秀中楼、才隽楼，“六园”即诚信园、智慧园、博学园、慎思园、明辨园、笃行园，“二区”即运动区和中心广场。

"五楼"建筑群高端大气，底蕴厚重，走廊文化主旨分明。"六园"主题鲜明，树木青葱。运动区红绿相间，设施精良。中心广场色彩分明，平展宽敞。环境怡情，墙壁话理，花草育人。在这里，目之所睹，耳之所闻，足之所及，无不蕴含着学校匠心独具的教育思想。

特色鲜明的班级文化。学校班级文化展示人文情怀，每间教室的门口都贴有一张设计精美的班级名片，内容有班主任寄语、班训、班级合影等，展现班集体的力量。图书角摆满了学生喜爱的报纸杂志，营造了浓浓的书香氛围。窗台上布置了学生喜欢的花草盆景，培养了学生的审美情趣。同时，每间宿舍的门口设有精美的宿舍标识，内容有宿舍名称、学生寄语、班级信息等，展示班集体的和谐；室内壁橱整洁，内务有序，显示着家庭般的温馨。每一间教室既严肃又活泼，每一间宿舍既统一又个性，充分展示了各个班集体的独特文化魅力。学校通过精心打造的建筑文化、班级文化、宿舍文化和走廊文化，打造了丰富的教育资源，树立了精神引领的旗帜。

二、培植"诚·智"教育理念

创建"诚·信"教师队伍。学校积极创设"三纵四横"管理模式（"三纵"是指校长室—政教处—团总支—班主任—全体学生的管理育人机制、校长室—教务处—教研组—任课教师—全体学生的教书育人机制、校长室—总务处—后勤教师—全体学生的服务育人机制；"四横"是指初一分管校长—级部主任—级部教师—级部学生、初二分管校长—级部主任—级部教师—级部学生、初三分管校长—级部主任—级部教师—级部学生、后勤分管校长—总务主任—后勤教师—全体学生），以提升教师素质为切入点，提高教师的师德修养和业务素质。通过典型引领（评优树先）、师德承诺（教师宣誓）、师德培训（教师论坛）、完善评价（师德考核）等措施，引导广大教师遵守职业道德规范，以德修身、以德育人，以优良的师德优化教师形象。同时，依托"读书工程""培训工程""青蓝工程""教育科研工程""教学达标工程"等，开展"常规课""展示课""示范课""研究课""竞赛课"等课堂教学研讨活动，引导教师更新理念、钻研业务、勇于实践、大胆创新，促进教师专业成长。

打造“智慧”课堂。学校以“自主、合作、探究”课堂理念为主导，实施“学、思、议、助、测”五步环节，把课堂还给学生，以分组教学为形式，构建学习共同体；以分层达标为重点，实现教学均衡发展；以多元评价为策略，激发学生潜能，如此这般，引导课堂争辩，促进学生阐疑，凸现师生探究，引导课堂走向生活，实现课堂高效。同时，积极做好每周四的“走班制”和“选修课”教学，以充分发挥学生的学习自主权，体现学生的主体地位，助推学生均衡发展，增强学生的自信心和成就感。

三、开展“诚·智”系列活动

学校加强“诚·智”教育，积极开展“诚·智”系列活动，强化时段精细化管理，在常规管理中突出特色。

鲜明的主题教育。学校推行“诚·智”管理模式，规范学生日常管理，积极探索开展“主题教育月”活动。经过认真梳理、总结，做到月月有中心，形成教育序列化。学校精心谋划，提前制订每个“主题教育月”的实施方案，并规范有序实施，把“诚·智”目标融人丰富多彩的活动中，从而避免德育活动的随意性和低效性。

丰富的教育载体。学校通过升国旗、主题班会、家长学校、广播室、宣传栏、黑板报、社团等教育载体，结合重大节日、传统节日等教育资源，开展丰富多彩的“诚·智”活动，如“诚·智”演讲比赛、“诚·智”征文比赛、诚信承诺、诚信考试等，积极营造“诚·智”教育氛围，进而推进社会主义核心价值观教育。

扎实的社会实践。学校通过组织社会公益活动，引导学生关心社会、关心他人。通过定期到街道、社区、敬老院等进行卫生清扫和文艺演出等，培养学生敬孝老人的传统美德。通过到海边清理垃圾活动，提高学生的环境意识。通过“龙山文化探秘”活动，培养学生的乡土情怀。通过组织关爱“两城白天鹅”活动，增强学生的生命观念。一系列实践活动让学生开拓了视野，陶冶了情操，增长了知识，磨炼了意志，培养了创新精神和实践能力。

四、构建“诚·智”校本课程

学校编制“诚·智”教育德育大纲，建立“诚·智”教育评价体系，把“诚·智”教育课程化，并注重“诚·智”教育与思品课程完美对接，“诚·智”教育与德育活动有机结合。校本课程中“尚诚”教育包括诚信、诚心、忠诚、真诚等模块，“尚智”教育包括智慧学习、智慧做事、智慧生活、智慧创新等模块。学校通过明确开设对象、明确科任教师、明确课时等措施，加强对校本课程的教学管理，以确保课堂教学的实效。学校“诚·智”校本课程的开发与实施，丰富了学生的传统文化知识，培养了学生真诚面对生活、智慧面对世事的能力。

五、拓展“诚·智”舞台空间

学校注重学生社团建设，让其成为连接社会、课堂、生活的桥梁，让学生在丰富多彩的校园文化活动中确立自信，寻找自我，发展自身。

“文学社”以《两城风》为平台，联系生活，开展丰富多彩的创作活动；“陶艺组”以“龙山文化探秘”综合实践活动课为依托，学习黑陶制作，激发学生对乡土文化的探究兴趣；“舞蹈队”以形体训练为主要内容，陶冶学生情操，展示舞蹈技能，积极参加学校组织的各项演出活动；“书画组”以书法训练和绘画训练为主，引导学生用艺术的方式丰富生活，进而培养学生发现美、享受美、创造美的能力。同时，学校开展“艺术节”“读书节”“体育节”“科技节”等活动，拓展学生成长空间，提升学生艺术和科学潜质。

学校文化建设是一个永恒的话题，今天两城中学“诚·智”文化建设刚刚拉开帷幕，我们将不断开拓创新，激发教育能量，提升教育境界，谱写教育新篇。

倾情校史故事，矢志文化传承

校史是学校长期办学实践中积淀与创造的具有鲜明个性的文化，是一所学校兴建、发展和壮大的历史轨迹的真实记录。新形势下，挖掘校史文化育人元素，对丰富德育资源，促进校园文化建设，培养学生核心素养，具有重要的现实意义。

两城中学始建于1964年7月。学校秉承“尚诚·尚智”的办学理念，践行“诚信于世，智慧于事”的校训，筚路蓝缕，薪火相传，在变化中坚守，在传承中发展。

近些年来，学校坚持以习近平新时代中国特色社会主义思想为指导，全面落实德育课程一体化，努力构建“四位一体”德育工作新格局，着力创新“校史育人”方法，努力探索德育工作新路径，开展了丰富多彩的育人活动，取得了良好的教育效果。

一是筹建校史展馆，积淀育人资源。学校先后投资15万元，筹建校史展馆和校友长廊。丰富而具体的校史资料，真实、生动、感人地再现了学校发展历史、优秀人物的风采和知名校友的事迹，展现了学校58年的发展历程和辉煌成就。校史馆和人物长廊通过挖掘学校发展史的精神内涵、人文故事及业界精英，将静态的档案史料转化为动态的育人资源。

每学年新生入校，学校都组织学生走进校史展馆参观学习。校史展馆向学生呈现了一个全面立体的学校，在拓宽学生视野的同时，激发学生的学习动力，传承优良的校风、学风，形成良好的校园文化渗透。同时，定期向历届校友开放，并随时更新校史资料，增强了校友对母校的认同感和自豪感，提升了学校的知名度，打造了学校的德育品牌。

二是开设校史课程，汲取历史营养。学校群策群力，溯本清源，精心编写了《两城中学校志（1964—2014）》，校史分“大事纪要”“教师队伍”“教育教学”“基础设施”“人才培养”等篇章，充分反映了学校艰苦创业的历史，全面客观地展现了学校的发展历程。同时，编写校本课程《风雨兼程——两城中学校史读本》，充分展示前辈教师的治学精神与道德风骨、校友学长的成长历程与人生成就，提供了史志育人的鲜活教材。

每学年新生入校，学校组织专职教师进行校史专题讲座，讲述校史和校友励志故事。以故事感染学生，以情怀温暖学生，让办学理念和校训内涵入脑入心。每年选拔新一届校史志愿讲解员，让他们积极参与校史文化传播，并接受语言能力和礼仪方面的强化训练。同时，精心制作校史宣传片，以网络公众号为载体，多维度传播校史，培育学生爱校爱党爱国的情怀。

三是挖掘典型人物，展现精神特质。作为一所拥有58年历史的学校，在发展史上涌现出许多杰出的师生代表。这些典型人物是引领后人的重要力量。他们当中有爱岗敬业的教学名师，有事业有成的业界精英，有自强不息的普通人物。他们的治学态度、求学经历、创业历程和人生体验，成为学生励志成长的教材。

每个学年，学校定期邀请卓有成就的校友到学校作报告，分享自己的高考经历、大学生活和工作经历，激励学生调整心态，自省立志，发奋学习，促进优良校风学风的传承。同时，定期更新校友长廊的内容，宣扬其事迹，展现其风采，激励在校学子以他们为楷模，发愤图强，奋力进取，形成正确的世界观、人生观和价值观。

历史的脚步清晰而凝重，文明的传承延绵不断。新形势下，两城中学将继续深入挖掘校史中的文脉传承和人文积淀，提升校史研究的广度和深度，展现学校发展历程中的精神品格，积极开展“校史育人”实践活动，实现更大的育人效益。

制度提升效能，责任催生担当

学校管理离不开行之有效的制度管理。制度管理是提升学校管理水平的重要手段，是促进学校可持续发展的重要基石。

学校管理不能只依靠校长的个人素质，更重要的应该是用科学的制度激励全员的参与。

任何一个战略意图都是靠人来执行的，虽有好的制度做“支撑”，但执行的“人”不力，实施仍然是一句空话。

——题记

两城中学扎实推进现代学校制度建设，形成了以规章制度为核心的学校管理制度体系，以民治决策与管理为目标的学校治理体系，把教师民主管理、学生自主管理、家长主动参与作为学校规范管理的切入点，拓宽民主参与渠道，实现了学校和谐发展。

一、教师民主参与，促进学校和谐发展

学校积极构建教师民主管理体制，体现教师主人翁地位，让广大教师积极参与、共同决策学校重大事项，体现话语权、监督权、评价权和选择权，从而使教师变被动为主动，为学校献计献策，找到自我，发展自我，促进学校和谐发展。

为此，学校重点推进了几项制度的实施：

建立并实施重大事项集体决议制度。在学校日常管理中，事关学校发展的重大事项，如重大投资建设、人事制度管理、教职工工作分工、教职工绩效考核、教师专业发展等重大问题，班子成员要集体全面调研，慎重研究，经校长办公会充分论证，教代会讨论、审议、表决通过后，才能付诸实施，营造了良好的民主氛围。

建立并实施日常要点事项公示制度。学校日常教育教学工作要点实现全部公示，做到公开透明，并及时通报落实情况；对教职工的各项考核指标、得分情况等基本信息及时公示；教师岗位的临时调配，对事由和职责做好解释说明，并通过学校网站、公示栏做好具体说明，增强了学校管理工作的透明度。

二、学生自主管理，激活学生发展潜能

学校坚持加强社会主义核心价值体系教育，实现全员育人、全科育人、文化育人、实践育人，全面提高学生的道德素养，增强学生的社会责任感。要培养学生的创新精神、实践能力，首先就要重点培养中学生的自主管理能力。

学生参与学校管理制度。发挥“校长小助理”作用，确保学生有话语权、评价权、参与权。学校通过设立意见箱和校长室电话等，注重从学生中广泛搜集管理意见，及时修正管理中的偏差，接纳学生反映的问题，使管理更符合实际，更贴近学生。学生能够从作息时间、课程设置、课外活动、饭菜质量、宿舍管理等方面，提出改进学校管理的合理化建议，提高了学生的主人翁意识，促进了学校科学管理。

学生评教管理制度。学校积极开展学生评教工作，并不断完善学生“评教”办法，科学利用学生“评教”结果。通过每学期组织两次问卷调查、不定期召开座谈会，从教师的教学态度、教学能力、教学组织、师生之间的交流等方面设计了10项评价指标，让学生指出每位教师所具有的优点。同时，通过“学生心中最美教师”等评选活动，发现教师的亮点，激发教师工作的积极性，增进师生之间的相互了解，促进师生关系的和谐。

学生自治自理管理制度。学校注重学生自主能力的培养，引导学生主动组织各种富有学校特色的主题教育活动，在活动中充分发挥学生的主观能动性，提高了学生的自我管理能力，增强了学生的责任意识、公正意识、自律意识和团结合作意识。学校定期开展“读书节”“科技节”“体育节”“艺术节”以及体现学校特色的文化活动，都由学生自主组织完成，让学生在活动中涵养心灵，启迪智慧，展示风采，培养能力。

三、家长主动参与，实现家校合作共赢

学校积极建立健全家长委员会制度，让家长参与到学校的教育工作中，真正行使自己的知情权、参与权和监督权，从而实现以民主方式推进社会力量参与学校管理。

坚持家长委员会参与学校管理制度。学校成立家长委员会，按时召开家长委员会代表大会，及时增补家长委员会成员，确保组织健全、制度完善，为家长委员会参与学校管理创设良好的工作氛围。定期邀请家长委员会成员代表列席教代会。设立家长开放日，定期组织家长走进课堂、餐厅、宿舍，了解学生学习生活情况；随时与学生、教师交流，及时征求家长对学校教育教学工作的意见。

坚持家长委员会评议学校工作制度。学校采用座谈会、调查问卷、电话调查等方式，对学校的教育教学等工作进行评议，并将评议结果通过一定的形式反馈给教师本人和学校领导班子，充分发挥评议的功效，发扬长处、整改不足，更好地改进学校和教师的工作。学校每学期组织召开一次家长会，学校主导家长会主题，年级部负责具体事宜，班级组任课教师负责联系、沟通、交流，增进家校信任感，最终赢得家长的支持与配合。

四、校长牢记使命，制度得以全面实施

现代教育制度的生命力在于执行和实践，制度的制定只是规范管理的第一步，全面贯彻实施才是最关键的环节。因为制度如果只停留在嘴上、纸上，没有落实到实处，那都没有意义。

校长是学校各项工作的决策者，执行力是贯彻执行各项制度方法的根本保证，是工作目标得以实现的关键。校长执行力就是以高度负责的使命和敢于担当的勇气，保持全心全力的良好工作态度，实实在在地履行好自己的职责。为此，校长要牢记责任，铭记使命，奉行职业道德，恪守工作职责，增强不达目的不罢休的毅力。

责任心。责任心，是执行力之源。责任心，是一个人对自己的所作所为和所承担的任务负责，自觉承担责任和履行义务的一种态度。而执行力，是保持全心全力的良好工作态度，实实在在地履行好自己的职责。所以，要加强执行力，势必要增强责任心，责任心提高了，才会在制度执行中不打折扣。

敬畏心。校长要敬畏制度，要重视学校制度建设和完善，动员学校所有力量建立现代学校管理制度，并规范执行，决不超越制度。要敬畏师生，积极搭建教师专业成长的平台，公平公正地对待每一位学生。要敬畏家长，学校因学生而存在，学生因家庭而存在，学校教育一定要取得家长的支持，与家长保持良好的沟通与交流。

进取心。校长要牢固树立终身学习的理念，具备勇于探索的精神，理解终身学习的深刻内涵，形成自主学习的良好习惯。继而不断反思教育实践，不断更新知识结构，积极投人教科研实践，走在队伍的前列，静修心志，达高致远，学为人师，行为世范，引领教师队伍前行，促进教师专业成长。

包容心。包容是成就校长人格魅力的重要因素，可以化解各种矛盾，可以倾听群众呼声，可以凝心聚力，从而可以更加理智、更加科学、更加艺术地履行管理职责。校长要认真倾听他人的意见，宽容他人的个性，提升自己的综合素质，开阔自己的心胸，包容来自教师、学生、家长乃至社会方方面面的建议和意见。

总之，校长要依法治校，依法执教，建立完善科学规范的学校规章制度，积极推行“改善宏观管理、增强微观活力、加强细节管理”的理念，理顺管理体制，实施责任追究，加强效能建设。

本固而枝荣，根深而叶茂

我们知道，教育思想是办学的灵魂，教学质量是办学的生命，学校管理是办学的关键。因此，校长的管理就是要铸就灵魂，把握生命，抓住关键。这就需要校长在长期的工作实践和专业成长中，思考教育内涵，探寻教育规律，感悟教育本质，施展教育智慧，形成自己的行之有效的治校方略，从而推进学校的高效管理。

从教27年来，从市直学校到区管学校，从城区教学到农村教学，从小学校长到初中校长，我常常思考自己在学校管理中的得与失、工作中的喜与忧，渐渐形成了自己对学校内部管理的一些思路和对教育教学工作的初步认识。

一、重视导向引领

教师是学校的第一资源，引领是教育的最高境界。一所学校需要以一种鲜明的精神作为核心文化引领教师，从而打造一支爱岗敬业的教师团队，推进学校以制度管理为主，向文化建构的方向发展，提升管理层次和品位，达到文化立校、文化立人的目的。

校长工作的对象首先是教师，教师的劳动具有很多特点，即劳动过程的复杂性和创造性，劳动对象的多样性和可塑性，劳动方式的个体性和灵活性等。这些特点说明了教师这个职业具有很强的创造性和灵活性。校长角色的服务只能以心理性服务为主，以功能性服务为辅，并使二者结合起来。

因此，学校管理的核心是精神引领，要构建一种奋发向上的精神，营造一种干事创业的氛围，坚定一种献身教育的信念，充分调动每一位教师的工作积极性、主动性和创造性，真正实现学校管理的最高境界——文化管理。为此，我们要做到以下几点：

一是校园文化引领。学校通过精心设计校训、校风、教风、学风、班训、班风等文化元素，以先进的教育理念，树立学校精神旗帜。通过建筑文化、班级文化、走廊文化和景点文化等，创设文化育人的情境，打造校园文化的心理“磁场”，弘扬主旋律，传播正能量。只有立足先进教育理念的引领，打造积极进取的学校精神，确立健康向上的价值导向，营造催人奋进的工作氛围，才能让全体教职工感到有一股无形的力量和激情，时刻在催人甘于奉献和务实工作。

二是评价机制导向。学校在尊重教师主体地位的基础上，要坚持发挥评价机制的导向作用，即通过民主协商，集思广益，完善各种管理制度、考核标准和奖惩措施等，较为客观公正地评价教师，引导教师自省、自重、自律、自强，以评价机制的“指挥棒”，激活教师管理的“一盘棋”，使能者、勤者、有功者感到光荣自豪、大踏步前进，庸者、惰者、倦怠者感到羞耻自卑、奋起直追，从而激励教师乐于奉献和勇于创新。

三是典型人物带动。学校发展的生命力来自教师对教育事业的忠诚和对本职工作的热忱。因此，学校要通过党建工作的深化和学习氛围的营造，创造多种机会，运用各种方式，寻找身边感动人物，发现教师闪光点，展示其精神风貌，把他们推向大众和社会，让全体教师感到杰出就在身边，榜样触手可及，从而引导并激励全体教师学习榜样，争做榜样，营造积极进取的良好风气，激发奋力进取的工作热情。

二、抓住高效管理的两条主线

一所学校要凝聚人心，奋发向上，实现高质量发展，离不开校长两种能力的提升，即行政管理能力和教育科研能力。人、财、物、时、事是行政线，德、智、体、美、劳是业务线，抓住了两条主线，就能提纲挈领，实现高效管理。

（1）如何实现行政管理的高效?

一要知人善任。学校管理的关键是人尽其才，才尽其用。恰当地任用是基础，是前提；正确地使用是根本，是目的。校长管理的基础是全面掌握教师的基本情况，分析教师的心理、需要、能力、性格等，包括了解教师的学习经历、工作履历，知晓教师的个性特点和成长需求，洞悉教师的发展潜质和目标追求，熟悉教师的工作态度和专业发展，掌握教师的教学风格和工作亮点。特别是在中层干部的任命上，校长要把合适的人放在合适的岗位上，做到放心、放权、放手。所谓放心，就是校长要充分信任下级，做到用人不疑，疑人不用。所谓放权，就是合理设置各层次权力，发挥各层次的积极性，促进工作效率的最大化。所谓放手，就是要消除顾虑和限制，鼓励下级在工作中充分发挥主动性和创造性，努力探索，开拓创新。

二要善于沟通交流。如果把学校管理看作一个生命体，沟通就是这个生命体的血脉。如果各部分沟通顺畅，工作就会正常运行；否则就会出现堵塞，影响整体工作。校长要特别注重沟通、善于沟通、勤于沟通，及时了解学校各方面的情况，妥善处理各方面的关系，确保学校健康有序发展。通过和中层干部交流，掌握德育、教学、教研、后勤等工作的运行情况；通过和班主任交流，掌握班级管理情况，找出学生管理的关键所在，抓好当下存在的问题；通过和科任教师交流，了解教师备课、上课、作业、辅导等相关问题。总之，良好的沟通从心开始，互相尊重、平等相待，是进行沟通的前提；虚心坦诚、开通包容，是深入沟通的根本；凝聚共识、协同管理，是有效沟通的标志。只有善于沟通，才能全面了解学校工作的运行情况，发现学校管理中的“短板”，明晰解决问题的基本思路，找到解决问题的对策方法。

三要深人班级。作为校长，每天要处理各种事务，协调各项工作。但是，一个校长如果不走进教室，不深人班级，不接触学生，就不能真正接地气，就很难发现学校和班级出现的问题，就不可能提出新思路、新举措、新方法，就不能从根本上实现从“范本”转向“人本”的管理提升，推进从“教导、训导、遵从”到“指导、辅导、尊重”的转变，因而学校的管理难见成效。校长只有脚踏实地地沉下去，每天巡视校园，每天走进教室，时常听取学生的意见和建议，才能获得丰富的管理信息，取得令人信服的发言权，才能发现问题，找到解决办法，推进学校的高效管理。

（2）如何实现教学管理的高效？

一要加强理论学习，营造研究氛围。校长要力求从高位理解当今教育的发展理念和趋势，要加强对教育理论的学习，了解教育法规，掌握管理知识，熟稔教育科学，汲取前沿的教育理念，借鉴先进的管理经验，多思考，多实践，多反思。只有把自己的专业化发展作为人生追求，用阅读滋养生命，用聆听触动灵魂，用实践创造价值，培养自己广博学习的兴趣，形成自己的教育教学理论体系，才能有效指导教育教学实践。

二要深入课堂一线，推进教学改革。校长要聚焦课堂，深化课改，帮助教师扬长避短，提高课堂效率，还要坚持听课、评课，为教师专业化发展搭建各类平台等。特别是在“双减”背景下，校长要积极带领教师创新“自主·合作·探究”型学习方式，引导教师全面关注学生的不同特点和个性差异，激发学生学习热情，实现学生自我发展。要强化综合评价，突出素质导向；改进考试评价，纾解学生压力；探索增值评价，创新学科作业形式，调控学生作业时间，体现个性差异，全面探索教学质量增长点。

三要加强课题研究，提高科研成效。教育要发展，科研要先行。校长要带领教师通过教育科研解决教育教学实践中遇到的问题，把课题研究与实际工作紧密结合起来，着力于教师发展共同体建设，以教带研，以研促教，改变教师的教学方式，改变学生的学习状态，推进课堂高效建设，提升学生综合能力。同时，要创新教师培训方式，通过“请进来”“走出去”等形式，加强教师对专业课程的学习，促进教师扎扎实实地积累学科知识，建立学科知识结构，关注学科发展动态，注重知识与现实生活的联系，将学科前沿知识、生活经验类知识等融人课堂。

三、领悟教学管理四大理念

一是制度。依法治校，建章立制，要扎实推进现代学校制度建设，形成以规章制度为核心的学校管理体系，建立科学、规范、严格的议事规则、决策程序、工作规程和规章制度，全面实施政务公开和校务公开，把学校管理纳入制度化、规范化、科学化的轨道；并充分发挥教代会的桥梁、纽带作用，重大事项要广泛听取教职工意见，集体研究，增强广大教职工参与管理学校的意识；同时，要强化师德师风建设，抓好教师日常的政治思想、职业道德、职业纪律教育，净化教育风气，创建行业文明，纯洁教师队伍，树立教育良好形象。

二是效率。校长在日常繁忙的教育教学管理中，要理顺各种关系，做到分级管理，责任到人。要增强工作的计划性，把学校工作分成常规工作和重点工作两大类，对要做的工作按照轻重缓急，做出合理计划安排。布置工作必须有明确的时限要求，重大活动必须有精心的各种预案。会议要简短高效，决议要有行有果。只有养成惜时、守时、快节奏、高效率的工作作风和良好习惯，务本求实，提高效率，放大效益，巩固成果，同时坚决摒弃形式主义、花拳绣腿等“花架子”，才能实现学校高效管理。

三是创新。时代在变幻，教育在迭代。校长应该是学校发展的规划者，教师发展的促进者，学生成长的守望者，和谐关系的调适者。因此，校长要不断创造性地实施教育改革和教学实践，创新理念，拓展思路，在师德师风、学生管理、课堂教学、课题研究、后勤服务等方面，用先进的理念和思想丰富自己的头脑，敢于突破传统的束缚和范式，大胆尝试先进的方法和模式，做有思想的校长，办有内涵的学校。要遵循“自上而下”与“自下而上”相结合原则，发挥引领作用，开展顶层设计，学校教职工充分研究讨论，形成共同教育智慧。

四是情感。校长要牢固树立服务意识。师之所思，我之所想；生之所需，我之所为。要把人性化关怀作为管理创新的突破口和提高管理效能的增长点，在坚决维护教师合法权益的基础上，着眼于一线教师，服务于一线教师，从细节入手，从琐事做起，倾听心声，增强感情，了解教师的各种层次需求，真心实意地帮助他们解决工作、学习和生活中的各种难题，全力做好师生服务的“勤务兵”。同时，从感情投入出发，尊重教师渴望获得认可与尊重的需要，引导教师产生学习与发展的需要，让教师感受到自己工作的愉快和人际关系的和谐。积极搭建文明和谐的育人环境，让教师的精神和人格得到自由发展，让教师的职业意识、价值取向、教育思想与学校的主体文化协调一致，融入学校文化的主流。

本固而枝荣，根深而叶茂。作为一名教育工作者要坚定如磐初心，勇担历史使命，用热情去点燃热情，用理想去生成理想，用信仰去唤醒信仰，踔厉奋发，笃行不怠，为实现“为党育人，为国育才”的神圣使命，奉献出自己的赤诚与至爱！

时光不语，静等花开

一、陪伴

家庭是最好的学校，家长是最好的老师，陪伴是最好的教育。

在很多场合，我们常常听到家长们会说这样一句话："把孩子送到你们那儿，我们就放心了！"这句话一方面是家长表达了对老师和学校的信任，另一方面可能是家长缺失对家校共育的认识。实际上，在孩子的教育问题上，需要家长和学校的共同努力。

有学者做过调查，87%的学生认为他们的人格和品格来自家长。这说明很多教育问题是教师无法替代的。刚出生的孩子之间并没有什么区别，为何三年、六年、九年之后就产生了一定的差异？这个差异主要是由家庭教育造成的。

也有学者说，一个人在18岁之前的成长过程中，家庭教育的影响占比超过60%，学校教育占30%，还有10%的影响来自社会教育。而现实中，很多家长完全不知道该怎么教育孩子。

在这里，我跟大家分享一下我的家庭教育经验。我的女儿今年考进了一所重点大学。表妹给我发了一条微信，说："二姐，你的孩子真优秀。"我说："你只看到了这样一个好的结果，我们付出的努力你看到了吗？"

我的女儿丁丁出生以后，她的爸爸从她3个月大开始给她读故事，二年级开始陪她学钢琴。上初中，爸爸主动购买初中课本学习。上高中，爸爸认真研究高中课程内容。如今女儿上大学了，我写了一本书，讲述了我们和孩子的成长过程。在书里，我强调，孩子的成长不能没有陪伴，不能没有心灵的沟通和交流。

总是听人说，自己多忙多忙，没有时间陪孩子。可是那些比你忙无数倍的人，却把陪伴孩子成长作为人生中很重要的事情。

现在隔代监护多，老人照顾孩子，一般只能照顾生活；自己的孩子还是需要自己教，自己管。你在孩子身上偷的懒，最后都会变成最深的遗憾。

二、鼓励

在网上看到过这样一篇文章：

“当然，你一定要学会怎么鼓励孩子。这次考倒数第一，我会鼓励他下次考倒数第二；这次他考20分，我会鼓励他下次考30分。千万不要说，这次考了60分，下次不考90分就别进家门！你这么说，也许你的孩子会拼命学，但有的孩子拼了命也许考不到90分，怎么办呢？难道真的不让孩子进家门吗？你肯定让他进家门，你让他进家门就意味着你说话不算数，孩子以后就知道了，我爸爸妈妈说话是不算数的，那以后就无所谓了，反正他们不会不让我进家门。”

驯兽员驯养动物通常有两种方式：第一，鼓励，绝对的鼓励；第二，限定，甚至是惩罚。但是，驯兽员具体是如何做到的呢？

我曾经问一个驯养海豚的驯兽员，为什么他训的海豚能从水中跃出，并能从那么高的圈子中钻过去？他说，其实海豚一开始是不会做的，他先把这个圈放在水里面，被训的海豚谁钻过去我就给谁一条鱼吃，没钻过去的就不给吃。海豚不笨，很快明白了有鱼吃的方法，后来海豚就形成了一种条件反射。

紧接着驯兽员就把这个圈提出水面一半，让海豚继续钻。海豚发现圈不在水中了，只能跳过去。逐渐地，圈被不断提高，要提10～20次，需要一年左右的时间，海豚跳圈的训练就完成了。大家有没有注意，在看海豚表演的时候，凡是从那个圈跳过去的海豚一定会游到驯兽员的身边去要鱼吃，因为它知道每次跳过去都能吃到东西。

从上面驯养海豚的例子中，家长应该明白一个道理，鼓励和限定在教育孩子的过程中十分重要。

比如说你的孩子考了60分，你千万不要说下回你要考到90分，或者把孩子臭骂一顿。你要对孩子说，60分已经不错了，下回你能不能考到70分，我们不跟你班里的同学比，只需你今天比昨天进步，明天比今天进步。于是，孩子的分数在潜移默化中就能提上去。

总之，孩子的每一点进步，你都要鼓励。尤其当分数考得很低的时候，你要告诉孩子，这次可能是偶然的失误，千万不要伤害孩子学习的积极性。

三、榜样

孩子都是看着家长的背影长大的，重视家庭教育就是对孩子的健康发展负责。孩子来自家庭，孩子成长于家庭，良好的家庭教育会让他们以后营造更好的家庭。

家长要成为学习型家长，家长的学习行为会对孩子起到潜移默化的作用。尤其有中小学生的家庭，不要在家里打牌玩麻将，也不要整日里高朋满座喝酒闲聊，要给孩子提供一个相对安静的学习环境。

我和丈夫的日常学习已经成为习惯，结婚20年来我们一直处于学习状态之中。女儿曾经问我："妈妈，我好好学习，不打扰你，你是不是还会进步？"我说："是的，爸爸妈妈专心工作，你专心学习，我们都会越来越好。"

四、沟通

最可悲的教育是：家长舍不得管，老师不敢管，外人不方便管。

我们过去上学，家长经常会跟老师说，使劲管，不听话就打。今天的老师是万万不敢打学生的，甚至批评的话都不能说。

古人说得好，严师出高徒。严格管教孩子的老师才是好老师。一个老师，如果看见学生错了而不管，那就是失职，所谓“子不教，父之过，教不严，师之惰”。但是今天，有的老师被个别家长和孩子“整”得无所适从，怎么用心管教孩子呢？这样的孩子长大之后，又怎么会懂规矩，明事理呢？严父出孝子，慈母多败儿。如果孩子被溺爱到碰不得、摸不得，那么孩子迟早会闯出“大祸”。

老师与家长作为孩子成长路上影响最大的两个群体，有着相同的责任与使命——让孩子成人成才。有人说，老师是这个世界上唯一与您的孩子没有血缘关系却愿意因您的孩子进步而高兴，退步而着急，始终满怀期待，愿助其成才，舍小家顾大家，并且无怨无悔付出的“外人”。

我们不能否认老师群体中，有极个别的老师会存在一些问题。不过，切莫将“敌对”与“仇视”的眼神对准所有老师。家长应该与老师团结协作起来，家校和谐才能让孩子真正受益！

老师每天接触孩子的时间比家长要长，家长应积极配合老师，主动走近老师，与老师进行有效沟通。家长不要当着孩子的面，非议老师，非议学校的规定要求。这不利于孩子建立规则意识，会让孩子产生抵触情绪、投机心理。家长要充分尊重老师，让你的孩子“亲其师，信其道”。

家长不讳疾忌“师”，孩子才能变得更好。孩子是家校间的纽带，家长与老师要时常沟通孩子在校期间的表现。每位老师都希望自己的学生能够不断进步、成长，遗憾的是，有些家长过于溺爱孩子，只看得见孩子的优点，却听不得别人的批评，面对老师指出的问题，总要给孩子的错误找到理由，对老师的判断不以为然。

家校矛盾不可避免，但并不是不可调节，请家长们相信沟通的力量。老师只是一些普通的凡人，也没有魔法女王赐予的魔法棒，仅靠一己之力周旋于各种事情之间，很难做到游刃有余。所以请善待每位老师，特别是那些为你孩子好、对你孩子严厉的老师。请家长多一分宽容和理解，多给老师一些尊重和信任，老师一定会加倍珍惜您的孩子。作为老师，真诚地期望家长平时能多与学校、老师联系，坦诚交流，尊师重教，为孩子做好榜样。

家校心连心，教育手牵手

“学校不关注家庭教育，就不可能真正让孩子过上幸福而完整的生活。”

——朱永新

近些年来，两城中学全面贯彻落实教育部《关于加强家庭教育工作的指导意见》精神，以“家校携手，共育希望”为宗旨，形成“家长主体、学校推动、重点突出、载体新颖、因地制宜、特色鲜明”的家校共育工作机制，积极开展“家长满意工程”，全面推进学校民主化管理进程和教育教学改革，凝聚教育合力，促进教育教学工作的规范化、科学化、精细化管理，让学校的各项工作实现跨越式发展。

一、建立家校共育管理网络

2012年12月，学校根据《山东省普通中小学家长委员会设置与管理办法》，成立了由校长任组长，分管副校长、处室负责人等共同参与的家长委员会领导小组，制定家长委员会规章制度。在家长和教师推荐的基础上，通过无记名投票的方式，成立了第一届家长委员会。此后，每年换届，形成制度，全面贯彻落实“三级机构（班级、年级和校级三级家长委员会）、两支队伍（教师队伍、家长队伍）、一个目标（育人）”工作思路，明确工作职责，落实各项制度，狠抓责任落实。

二、打造家校共育活动阵地

2010年9月，学校利用专项资金先后投资30万余元，建设高标准乡村少年宫，积极组织开展丰富多彩的家校共建系列活动。

2017年8月，学校先后投资16万元，建设“青春健康俱乐部”，全面普及中学生青春期心理健康知识和生殖健康知识。

2021年11月，学校投资6万元，建设高标准警校共育工作室，丰富育人途径，推进警校共建，实现协同育人。

三、形成家校育人共识

学校把家校共育工作纳入学校日常管理，加大业务培训，加强课题研究，采取多项措施，提升家庭教育水平，推动家庭、学校、社会密切配合。

理论指导，提升家庭教育理念。学校制订“家校共育”教学计划，明确课程规划，采取“请进来”“走出去”的方法，定期聘请教育专家有计划、有步骤地对全体教师和全体家长进行家庭教育理论培训，实行科学的育人方法，形成学校、家庭、社会关心教育的良好氛围。其中，突出发挥家校共育的功能，定期向家长宣传家庭教育相关知识，如“家长必读”“如何引导孩子尽快适应初中生活”“如何培养孩子良好的学习习惯”等知识讲座深受家长欢迎。同时，定期进行问卷调查，就家长关心的问题或存在的疑问，通过微信公众号、微信群或发放家庭教育宣传材料等方式，给予家长集中答复或指导。如期中考试后针对家长的反应，给家长做“正确对待孩子的考试成绩”“让孩子不再害怕考试”系列指导，效果显著。

走进课堂，促进家校深度合作。为了进一步加强家校联系，凝聚教育合力，学校积极推进“家长进课堂”活动，实现家校零距离沟通。在活动中，学校制订活动实施方案，发放“邀请函”，受邀家长分别走进孩子所在班级，与学生一起听课，填写课堂听课调查问卷；课后与教师交流教育孩子的方法，并亲身感受教师工作的艰辛，从而有力地促进了家校沟通与合作。

课题引领，推进家校育人成效。学校高度重视家庭教育理论研究，注重以家庭教育过程中遇到的各种问题和需要为主线，通过教研活动，明确家庭教育的重点、难点，掌握科学的教育方法，提高家庭教育的质量。2020年、2021年学校承担的市级实验课题“青春期心理健康教育的途径与方法”“初二学生‘两极分化’成因与对策”“提高‘学困生’的学习兴趣研究”等顺利结题，并展开积极推广。同时，学校定期组织家庭教育论文、家庭教育叙事等评选活动，总结家庭教育的先进经验和做法，推动家庭教育收到实效。

四、凝聚家校教育合力

学校注重全方位进行家校互动，推进家校沟通，形成教育合力。

参与教师民主评议。每学期结束，学校积极开展家长问卷调查工作。问卷的内容涉及学校管理的各个方面，使学校及时掌握家长对学校的综合评价。在每学期举行的师德考核中，学校邀请家委会代表、学生家长参加，对教师师德情况进行评价，评价结果计人教职工考核。这些活动的开展，使家长对学校的管理工作有了更全面而深人的了解，对学校的办学理念有了更深刻的认识，同时有效地促进了师德建设和学校管理。

参与学校食堂管理。学校成立了由教师代表、学生代表、学生家长代表组成的“膳食委员会”，强化师生食堂管理。膳食委员会定期对学校食堂进行调研，与学校食堂管理人员一起就学生饭菜质量、卫生安全、服务态度等方面进行督导检查，每月对食堂管理和服务质量进行考评。学校食堂以规范的管理和真诚的服务，确保了师生饮食安全。

参与学生社团教学。学校不断加强社团建设，先后成立诗社、国学社、足球社、飞模社、海模社、音乐社、舞蹈社等多个富有特色的学生社团，满足不同学生的爱好需求。同时，针对各类社团需要，从家长委员会中聘请学有所长的志愿者走进学校，加强学生技能辅导。现在学校已聘请多名志愿者，涉及陶艺社、武术社、书画社等多个社团，有力地提高了社团活动质量，促进了学生技能和审美能力的提升。

五、警校共建平安校园

针对学校管理滞后于学生心理发展的问题，学校积极探索警校合作育人途径。在设立法治副校长进行常规教育的基础上，各班聘请了法治辅导员，以法律讲座和主题班会为载体，开展丰富多彩的法治教育。建立未成年人心理共育工作室，教师协同民警定期与学生面对面、零距离互动交流，做好“问题学生”的提前介入，从而做到对症下药，及时帮教。同时，教师和民警联合进村庄进社区，组织联合家访，进行结对帮扶，全面实现法治教育“三融入”，即融入教学管理、融入家校共建、融入社区关注，构建公安、学校、家庭、社区“四位一体”法治教育机制。其间，针对个别学生吸烟等问题，学校追根溯源，排查商铺，多次向相关执法部门举报不法商贩向未成年人销售香烟等违法行为，继而对商铺人员进行全面普法，净化了校园周边环境，营造了良好的育人环境。

几年来，学校先后被授予“日照市优秀家长学校”“日照市关心下一代教育基地”“山东省家庭教育示范基地”“山东省计划生育协会青春健康教育示范基地”“山东省心理健康教育先进单位”等荣誉称号。

家校心连心，教育手牵手。两城中学全校教师将与全体家长同心协力，联合育人，为创造学校辉煌灿烂的美好明天而努力奋斗！

警校携手共建，同筑平安校园

2021年秋季开学以来，两城中学新一届领导班子在“双减”形势下，立足农村学校实际，从深化全员育人工作人手，不断强化育人措施，丰富育人途径，积极构建公安、学校、家庭、社区“四位一体”法治教育机制，以常态化的法治教育，精细化的班级管理，抓在日常，严在经常，有效预防了未成年人违法犯罪，切实维护了未成年人的合法权益。

一、背景

两城中学是一所农村初级中学，随着城镇化进程的推进，优质生源日趋减少，办学规模逐渐缩小，特别是由于农村家庭教育的缺失，学生学习成绩两极分化，甚至部分学生厌学；再加上未成年人处在一个半幼稚半成熟的时期，认知能力不足，辨别能力、自制能力不强，情绪容易冲动，思想容易偏激，校园欺凌现象和日常违规违法问题时有发生，这已成为学校管理的“难点”“痛点”和影响教育发展的“短板”“瓶颈”。

为此，学校新一届领导班子从为党育人、为国育才的教育目标出发，坚持“一个不放弃，一个不撒手”教育理念，奉献真情，施展智慧，积极推进警校合作育人工作，采取切实可行的措施，全力推进警校共建“六项工作”，严厉整治学校违规违法现象，净化校园育人环境，营造良好学习氛围，最终取得明显的教育成效。

二、做法

一是创建一支普法骨干队伍。学校和两城派出所加强“警校共建”，共同成立了以派出所所长任组长、校长任副组长、党员民警辅警和学校政教干部为成员的专项领导小组，建章立制，明确职责，统筹把握，精细实施，深入贯彻落实重点时段必巡逻的工作机制。学校按照政治强、业务精的标准，着力打造一支以班主任为核心的高素质的法治教育队伍。派出所按照思想正、作风硬的标准，组建一支由党员民警辅警担任的班级法治辅导员团队。两个团队目标一致，同心同德，形成教育合力，有效推进了警校育人工作。

二是打造一个心理共育阵地。学校在建设高标准“青春健康俱乐部”和“心理健康咨询室”的基础上，投资6万元，筹建了一处68平方米的警校心理共育工作室。工作室突出环境舒适、温馨、宁静、保密、安全等特色，分谈话区、宣传区、沙盘区、档案区等，定期组织班级法治辅导员与学生交流，通过一对一、面对面的交流沟通方式，全面做好“问题学生”的提前介人工作，落实帮教措施，做好“问题学生”教育转化。

三是上好一堂法治主题班会。在聘请法治副校长做好常规法治教育报告会、座谈会的基础上，学校还把派出所组建的班级法治辅导员队伍分配到各级部、各班级，深人基层，走近学生，进行全面的法治教育。按照学校统一部署，规划课程内容，明确授课人员，确定上课时间，就当前社会上常见的违法犯罪现象，每学期每班级开展一次法治教育主题班会，让每一位法治辅导员走进学生中间，以案说法，答疑解惑，深人开展校园反欺凌、反暴力等安全教育，近距离接触，零距离沟通，引导学生明确法律底线，自觉遵法、学法、守法、用法，强化规则意识，树立正确的世界观、人生观和价值观。

四是开展一项联合家访活动。学校和派出所通过日常精细排查，建立“问题学生”成长档案，并积极开展形式多样的联合家访活动，形成教育合力。在家访活动中，针对“问题学生”，班主任或科任教师和法治辅导员在保护学生隐私的基础上，做到“备学生、备家长、备家庭”，全面了解学生的成长环境和家庭教育，突出“讲问题要到位，谈措施要具体”，共同探讨学生健康成长的有效途径，切实发挥警校、家校协同育人的作用。

五是推进一项结对帮扶工程。学校和派出所建立“问题学生”帮扶转化机制，制定“问题学生”转化帮扶目标责任书，明确工作职责，落实责任目标。在每学期对班级“问题学生”进行排查登记的基础上，根据学生实际情况，每一位教师负责2名待转化生，每一位法治辅导员负责3名“问题学生”，做到转化学生全方位，帮扶家庭无盲区，形成警校人人参与法治教育的良好局面。

六是开展一项合作实验课题。学校在大力推进所承担的省市级心理健康教育实验课题的基础上，学校和派出所协同开展理论研究，加强未成年人合法权益保护的理论研讨，以学生成长过程中遇到的各种问题和需要为主线，通过课题研究活动，掌握未成年人的心理特点和教育重难点，掌握科学的教育方法，总结出自己的先进经验和做法，并积极推广。同时定期组织家庭教育论文、家庭教育叙事等评选活动，总结家庭教育的先进经验，推动家庭教育收到实效。而且，学校利用线上教学平台优势，精心录制法治教育精品微课，推荐家庭教育精品课程，满足学生和家长的线上学习需求，全面开展家校合作的法治教育。

三、成效

通过“警校手牵手，互动保平安”活动的开展，全力推进了“公安—学校—家庭—社区”联动综合治理体系的完善，初步实现法治教育和行为干预的“三融入”，即融入教学管理、融入家校共建、融入社区关注，进一步加深了学生对违法犯罪危害的认识，培养了尊崇法治、敬畏法律、严格守法的意识，净化了校园环境，营造了安全氛围，有效维护了未成年人的合法权益。

四、启示

民有所想，我有所谋；民有所呼，我有所应。“警校手牵手，互动保平安”活动，作为一种新形势下育人措施和育人途径的创新，有效解决了学校对学生管理滞后于学生心理发展的问题，形成了人人、事事、时时、处处皆育人的良好局面。

校园安全是一个学校管理的永恒话题。今天开展的“警校共建”活动，只是刚刚拉开帷幕。我们要认识再深化，站位上要“高”；问题再聚焦，措施上要“实”；目标再明确，思路上要“清”，不断地开拓创新，激发教师教育能量，提升教师教育境界，谱写教育新篇。

立足优秀传统文化，打造现代魅力校园

两城是座城，文化灿烂，历史悠久。两城龙山文化是面积最大、最为典型的新石器时期文化遗址。

有研究表明，两城为亚洲最早出现的城市之一。两城镇遗址，2006年被国务院核定公布为全国重点文物保护单位，2016年被龙山文化研究会、山东大学文化遗址研究院授予“考古圣地”荣誉称号。

乡土文化是中华民族得以繁衍发展的精神寄托和智慧结晶，是民族凝聚力和进取心的真正动因。

正是基于两城独有的乡土文化资源，我们积极寻求新时代、新文化背景下传统文化教育的新途径、新模式，走出了一条“立足优秀传统文化，打造现代魅力校园”的新教育实验之路。

一、打造特色校园文化，树起学校精神旗帜

文化是学校凝聚力和活力的源泉，是学校的灵魂。

两城诚信、智慧的民风，是几千年来文化的积淀，而这种积淀需要不断纳新，永续传承。

近年来，学校确立“尚诚·尚智”的办学理念，践行“诚信于世，智慧于事”的校训，根植于历史传统，立足于当代发展，着力于改革创新，积极推进校园文化建设，发挥“诚·智”文化引领作用，围绕建设“诚·智”好学校，铸就“诚·智”好老师，培育“诚·智”好学生，引

领“诚·智”好家长，打造了学校文化品牌。

学校先后投资45万元，打造多处文化主题景点，如以核心文化、海洋文化、龙山文化等为主题的各个园区，充分体现了“诚·智”文化核心理念。我们追求让每一面墙壁说话，每一块石头发声，每一棵花草育人，让每一名学生都能在校园文化氛围中全面发展，健康成长，以达到文化立校、文化立人的目的。

二、创建个性班级名片，促进师生共同成长

完美教室的重要特征：汇聚美好事物，呵护每个生命，擦亮每个日子。

学校把班级文化建设同继承优秀传统文化和弘扬时代精神结合起来，增强文化自信，推进文化育人，努力打造个性班级名片，实现师生共同愿景。

“致远班”“思贤班”“飞翼班”“启航班”等励志的班名，“飞翔的雄鹰”“盛开的花朵”“开启的书页”等画简意丰的班徽，无不凝聚着全体师生对班级文化主题的认同，展示着“一班一品”的独特魅力。

在这里，全体师生用班训凝聚信念，用班歌表达情感，用班规维护尊严，用才艺装点面容，用荣誉填充价值。在这里，一张张精美的书画作品，一句句催人奋进的励志话语，一盆盆摆放别致的花草盆景，无不展现着班集体和谐奋进的风貌。

三、依托地域文化优势，开发特色校本课程

学校必须充分挖掘和善于利用各种课程资源、教师资源、民族传统文化资源等。

学校充分利用地域教育资源，积极推进“诚·智”系列校本课程开发，逐步构建了以传承中华优秀传统文化为核心的校本课程体系，并通过规范的课堂教学和丰富多彩的社团活动，全方位打造传统文化教学特色。

作为乡土文化开发的重点课程——“龙山文化探秘”，以“挖掘乡土

文化，感受人文内涵”为宗旨，以“一墙一园一室一长廊”为表现形式，以感受“陶之智、陶之美、陶之魂”为主线，以“龙山文化馆”为教育阵地，通过自主、合作、探究的方式，搜集整理两城龙山文化陶艺资料，开展龙山文化现场考古探秘，参与陶器文物修复与复制，把丰富的历史文化内涵和人文审美特质，作为乡土文化综合实践活动的重要课程资源。

四、吟诵经典浸润人生，氤氲书香充溢校园

阅读对个体的精神成长至关重要。没有阅读就不可能有个体心灵的成长，不可能有个体精神的完整发育。

学校以弘扬传统美德和培育践行社会主义核心价值观为根本宗旨，以中华优秀传统文化经典为教育内容，以丰富多彩的教育活动，实现课程育人、文化育人和实践育人，着力打造“书香校园”，陶冶学生情操，开启学生心智，培养民族气节。

开展原典系列讲坛活动。学校组织传统文化教师定期组织经典名篇辅导讲座，并以《中华优秀传统文化》为地方课程教材，通过专题讲座的形式，激发学生对民族文化的情感认同和研究兴趣。同时，积极推进“戏曲进校园”“书画进校园”等系列活动，做到普及和提高的有机结合。

开展经典诗文诵读活动。学校编写《两城中学古诗文考级五级目录》，积极组织学生诗词背诵达标活动，并利用早读、课间操、就餐前等时间段，举行诗词诵读比赛等活动。同时，开展“小手拉大手，共读经典文”征文活动，让学生和家人共享阅读的快乐。

开展传统节日教育活动。学校注重以传统节日为载体，以节日小报、实践报告等形式，探寻节日习俗文化。同时，积极开展“家风家训”评选活动，激励学生和家长共建良好的家风家训，有力推进了“家校手牵手，育人心连心”工作的落实。

开展诗词创作活动。学校积极推进“诗教进校园”，聘请诗词专家开展形式多样的诗词学术讲座，定期编辑《两城风》古诗词作品汇编，激发师生诵读、欣赏、创作古诗词的浓厚兴趣，营造了良好的“诗教”文化氛围。

五、挖掘地方优秀文化，建设教育体验基地

一是深刻认识中华优秀传统文化的价值，深刻理解教育在中华优秀传统文化传承中应该承担的特殊使命；二是遵循教育规律，探索科学方法，完整持续推进学校教育。

学校遵循传统文化教育规律，立足学校自身实际，积极挖掘地方红色文化和乡土文化，打造了“两城记忆馆”“红色记忆馆”“校史馆”“龙山文化馆”等多个场馆，组织了丰富的教育资源，彰显了教育的无穷魅力。

创建红色记忆馆。它以纵向“站起来”“富起来”“强起来”和横向“红色中国”“红色山东”“红色日照”两条线索，展示中国共产党领导中国人民开启新纪元的伟大实践过程。一张张珍贵的图片，一件件珍稀的实物，让师生铭记革命历史，珍惜当下美好生活，从而激发学生勤奋读书，立志报国的决心。

创建两城记忆馆。它以“两城记忆”为主旨，体现地域特色，分“沿革篇”“营建篇”“教育篇”“人物篇”“民俗篇”“生活篇”等。通过翔实的史料和具体实物，引导学生寻觅祖先的踪迹，探究故乡的神奇，真切感受劳动人民的聪明才智和发明创造，从而培养学生的家国情怀。

创建校史馆。它分历史沿革、大事记、教师队伍、教育教学、学校建设、历届校友等板块，以翔实的史料文字和图片，再现了学校50多年的发展历程，展现了学校的历史文化底蕴，从而推进了学校传统教育和优良校风教育，增强了校友对母校的认同感和凝聚力，培养了学生热爱母校、为母校争光的集体荣誉感。

初心不忘筑梦想，风正扬帆再启航。拥有58年辉煌历史的两城中学，将立足于中华优秀传统文化教育改革与创新，以立德树人为根本，以素质教育为己任，守教育报国初心，担筑梦育人使命，在教育道路上，踏歌前行，谱写教育新篇章。

课堂教学，深耕细作

教学质量是学校教育的生命，课堂教学是提高教学质量的关键。提高教育教学质量的根本是改革创新，而所有的教育改革创新最终要回归课堂。本编作者从“双减”政策落实、书香校园建设、高效课堂构建、校本课程开发等方面进行了有益的探索，旨在培养学生的综合素质，全面提高教育教学质量。

从“孤读”到“共读”

我一直记得《孟子·梁惠王下》中“独乐乐不如众乐乐”的典故，其实，读书又何尝不是“独阅乐不如众阅乐”呢。

静下心来读书，静下心来思考，丰富自己的专业知识，提高自己的人文素养，练就自己的精神肌肉，是我最大的快乐和追求。由此，我实现了从一名普通教师向一名教育管理者的“转身”。

多年来，我一直坚持读书。读书让我思考了教育的内涵，读书让我探寻了教育的规律，读书让我感悟了教育的本质，读书让我的课堂充满智慧，读书让我的生活充满幸福。

多年来，我逐渐意识到教师阅读的内驱力不足是学校发展的重要“瓶颈”。因此，我把推动阅读内化为一种自觉的愿望和朴素的担当，从自己阅读带动教师阅读，实现从“孤读”到“共读”，从而推进教师教学理念和教学行为的改变。

2021年秋季新学期以来，学校先后组织三次具有“仪式感”的赠书活动，推荐教师阅读苏霍姆林斯基书写的《给教师的一百条建议》、冯卫东撰写的《为“真学”而教——优化课堂的18条建议》和焦晓骏、吴菁等编著的《初中班主任的10堂家长课——帮父母解决关键问题》等图书。

为适应教育新形势新任务新要求，每一位教职工都要开阔视野，提高认识，加强学习，瞄准自己的“短板”，开出自己的“良方”。学校班子成员从自身做起，率先垂范，每天上午进行一个小时的政治理论和业务理论集中学习，并就“为何学、学什么、怎么学”等问题达成广泛共识，以提升“学习力”，赋能“服务力”。

与此同时，学校各教研组迅速行动，围绕学科课程标准、教学目标和课堂评价标准等广泛学习，认真讨论。同时，就“双减”形势下的“高效课堂”建设等问题，畅所欲言，各抒己见，进一步提高教师的专业素养和教学能力。

水尝无华，相荡乃成涟漪；石本无火，相击而发灵光。随着学校阅读工作的深入推进，教师学习了教学新理念，创建了课堂新模式，初步彰显了教育教学新气象，教师的角色定位发生了明显的变化。教师从学生学习的支配者变为学生学习的组织者，从知识的传授者变为学生探索的促进者，从学生学习的评判者变为学生学习的激励者。于是，学生的学习方式也得到明显改善。课堂教学中，教师充分发挥学生的主体地位，把“讲台”变为师生共同表演的“舞台”，给学生充分交流、展示的机会，培养学生的自主学习能力，激发学生由“学会”到“会学”，由“接受”到“发现”，推进了课堂高效建设，提升了学生的综合能力。

由此，学校全力开展以“全员阅读，家校共育”为主题的阅读推广活动，采取读书演讲比赛、家庭读书征文、师生读书笔记展示等有效措施，营造了爱读书、读好书、善读书的良好阅读生态。

有字之书需苦读，无字之书需苦悟。读书需要甘于寂寞，而不是沉湎于喧嚣；需要苦心孤诣，而不是一哄而起的追风。只有踏踏实实地读书，才能真正享受收获的乐趣。同时，要善于向他人学习，丰富我们的阅历；向社会学习，丰富我们的知识；向实践学习，丰富我们的经历。

心有所信，方能远行。教育理念的更新和教学方法的改变，需要理论武装的头脑和脚踏实地的行动。如今，学校已经形成了良好的阅读生态，到处洋溢着和谐、静穆、幸福的学习气氛。但放眼“教育田野”的大阅读、大研讨，我们正在路上，任重而道远。

让我们追求深邃，拒绝庸俗，让那些学术含量高，充满审美情趣和人文精神的优秀书籍相伴一生，从而享受阅读的快乐，丰盈精神世界，创造实践价值。

“减负”不减“质”，“减量”不减“效”

作为一所农村初级中学，两城中学在城镇化推进的大背景下，生源日趋减少，规模逐渐缩小，这已经成为农村学校不得不面对的现状。在“双减”形势下，如何破解“剧场效应”和“内卷困局”，推动教育公平优质发展，让农村教育潜力得到有效的挖掘，让教育教学质量得到有效的提升，是农村教育研究的重要课题。

为此，新一届领导班子立足农村学校实际，从积极构建新型师生关系入手，着力从深化全员育人、优化课堂教学、实施分层作业、改革学生评价、提供优质服务、促进家校联动等方面开展系列工作，做到“减负”不减“质”，“减量”不减“效”，全面提升教育教学质量。

一、实施全员育人：打造“班集体管理+微共体管理”双重育人模式

落实“双减”，要强化学校教育主阵地作用，积极构建以人为本的新型师生关系，更好地满足学生差异化的教育需求。实施全员育人，是指在学校管理中，全面实施全岗位育人、全时段育人、全方位育人、全课程育人和全过程考核，即形成“4+1”管理机制。

我们所有班级根据班情，组建6个学生成长“微共体”，每个“微共体”成员保持在7人左右。所有教师做学生成长的导师，对学生的日常行

为和全面发展负责，实现教师对学生思想上引导、学习上辅导、心理上疏导、生活上指导。推进人文性关怀，实施无缝隙管理，加强过程评价，实行质量问责。同时，配有1名专职法治辅导员（民警或辅警），做好班级法治教育，强化常规管理，从而形成人人、事事、时时、处处皆育人的良好局面。

二、优化课堂教学：打造“分组教学+走班教学”课堂教学模式

课堂教学改革，实现课堂高效，是“双减”工作落实的关键环节。深化“简约·高效·阳光”的课堂教学理念，创新“自主·合作·探究”型学习方式，提高学生学习效率。

我们在促进班级“微共体”建设的基础上，精准分析学情，大力实施“自主性分组教学”和“走班制分层教学”，努力做到国家课程求质量，地方课程求规范，校本课程求创新。充分发挥小班教学的优势，根据不同年级的学情，针对英语、数学、体育等学科特点，实行“班级授课+走班选课”模式，全面关注学生的不同特点和个性差异，引导学生立足自身，找准定位，自主学习，提高学习热情，实现自我发展。

三、改革评价方式：打造“学科素养+多元发展”学生评价模式

改革学生评价是促进“双减”政策落实的重要手段。强化综合评价，突出素质导向；改进考试评价，纾解学生压力；探索增值评价，激发学习动力等。这些都是提高学生整体素质的重要方式。

我们坚持“五育”并举原则，提出学生从“唯一”到“多维”的综合素质评价模式，全面构建德智体美劳等全面发展的教学评价体系，即评价内容具体包括思想品德、学业水平、身心健康、艺术素养、劳动及社会实践等。学校设立“学习之星”“文明之星”“进步之星”“体育之星”等奖项，让每一个学生都能感受到学习的成就感和获得感。

四、设置分层作业：打造“基础性作业+自主性作业”超市作业模式

减轻学生的课业负担，必须打破统一布置、统一标准、统一要求的传统布置作业的樊篱，让学生拥有自主选择权利，激发学生的学习积极性，克服机械重复性作业带来的负担重、成效低、功能异化等问题。

我们逐步建立校本化作业管理体系，积极探索建立“超市作业”模式，供学生自主选择，增强作业的层次性、适应性和可选择性，满足学生不同层次的需求。做到基础性作业紧扣教学进度和学习内容，把握好重点和难点，重在巩固知识；自主性作业注重探究性、实践性，重在灵活运用。通过科学设计和规范实施，创新学科作业形式，调控学生作业时间，体现个性差异，努力实现教、练、考一致，全面探索教学质量增长点。

五、实施家校联动：打造“线上创新+线下用心”合力育人模式

“双减”措施的落实，离不开家校的通力合作，需要广大家长和社会的大力支持。我们大力倡导“双减”不减引导，“双减”不减责任，“双减”不减陪伴，“双减”不减监督，“双减”不减成长，全力推进线上线下家校互动。

我们坚持“家校携手，共育希望”工作理念，贯彻落实“三级机构、两支队伍、一个目标”（班级、年级和校级家长委员会，家长队伍、教师队伍，育人）工作思路，积极倡导进一步完善家庭教育指导、服务工作推进和保障机制落实，全力做好线上线下互动工作。充分利用日照教育云、钉钉、云视讯、课后网等平台，录制精品微课，推荐精品课程，探索线上教学新手段，发挥网课管理新功能，满足学生线上学习需要，全面构建高质量的家庭教育课程资源。同时，开展丰富多彩的家访活动，及时了解学生的家庭表现，虚心征集家长意见与建议，全力做好“五项管理”（“五项管理”是指对中小学生手机、睡眠、读物、作业、体质的

管理）的监督检查。其中，突出“学困生”和“贫困生”家庭的走访，做到耐心听取家长对班级管理的期望与嘱托，形成富有特色的家校育人工作模式。

六、推进服务升级：打造“答疑辅导+社团活动”课后服务模式

课后服务作为一种新的教育服务，一种新的惠民措施，减轻了家长在家辅导的难题，有效地推动了“双减”工作的落实。

我们在广泛征求家长意见的基础上，周密安排，及时跟进，制订课后服务总体实施方案，确立学生课后服务时间，明确教师工作职责，严格师生考勤纪律，指导学生自主阅读、完成作业和参加社团活动等，突出“学困生”学习辅导，努力打造课后服务升级版，激发学生学习积极性，促进学生健康成长。

立足新起点，奋斗新目标。“双减”工作是党中央从“教育是国之大计、党之大计”的高度作出的重大决策部署，事关青少年学生的健康成长，事关教育的高质量发展，事关国家和民族的未来。在新形势下，两城中学全体教职工将积极推进“双减”工作的落地，蓄势发力，破浪前行，全力打造“小而美”“小而优”的农村学校，为实现学生个性发展、全面发展、健康发展而努力奋斗。

着力打造“少年宫+多元社团”课后服务模式

自2020年新学期以来，全体教职工以习近平新时代中国特色社会主义思想为指导，坚持以人民为中心的发展思想，加快教育领域为民办实事项目落实，把课后服务作为民生大事来抓，借助学校乡村少年活动场地，进一步丰富特色课程，在答疑辅导的基础上，致力打造内容生动、特色鲜明的“少年宫+多元社团”课后服务模式，学生参与课后服务率100%，取得了良好的成效。

2011年9月，中央专项资金支持乡村学校少年宫项目落户学校后，按照“统一规划、依校建设、节约高效”的建设思路，学校对现有场地、教室及设施进行整合，筹建了高标准少年宫活动场地。良好的基础设施，为学校课后服务提供了有利条件。为此，学校从农村学生的实际出发，着眼于学生综合素养的提升，充分利用早读（半个小时）、中午（一个小时）和下午放学（半个小时）三个时间段，立足于读书活动、文体活动和综合实践活动等，科学合理地制定课后服务内容，开展丰富多彩的课后服务活动。

一、加强组织领导，推进工作落实

学校坚持“教育就是服务”的办学思想，成立“课后服务领导小组”，坚持“调研先行”“制度先行”“规划先行”的工作措施，建立“家长申请、班级审核、学校复核、统筹安排”等“四步走”工作机制，建立健全课后服务实施方案和工作制度，如领导带班制度、安全工作制度、教师考勤制度、家校交接制度等，形成了以答疑辅导、课外阅读、组织社团活动等为主要内容的课后服务体系。同时，学校将参与课后服务的教师的工作表现纳人教师绩效考核，做到量化管理，严明奖惩，全面强化服务意识，全力提升服务水平。

二、立足学校实际，科学规划课程

学校立足实际，从规范课后服务课程开设人手，设置了德育、艺术、体育、科技、综合实践等共5类课程，具体包括声乐训练、书法艺术、乐器演奏、美术绘画、手工制作、乒乓球、足球、排球和棋类活动等10余个项目。学生可以根据自己的爱好进行申报，学校根据每个学生的申报情况，合理安排活动项目和地点。学校辅导教师和校外志愿者根据自身特长，申报一项或多项辅导项目，担任课后服务辅导任务，形成了校内外结合的活动指导网络。

三、创设活动平台，丰富活动内容

学校课后服务坚持从学生学习实际和爱好出发，精心设计活动内容，积极创新教育方式，寓教于活动中。“文学社”以校刊《两城风》为平台，联系生活，开展丰富多彩的文学创作活动；“陶艺组”以龙山文化陶艺为基点，创意设计陶艺作品，进行龙山文化陶器文物的修复与复制，激发学生对传统文化的热爱；“舞蹈队”以形体训练为主要内容，陶冶学生情操，展示舞蹈表演才能；“书画组”以书法训练和绘画训练为主导，培养发现美、享受美、创造美的能力；“海模组”“飞模组”等，以培养实践动手能力为重点，推进科技体育进校园；篮球、排球、田径、武术、乒乓球等各种兴趣小组，以实施强身健体行动为宗旨，培养学生健康体魄，丰富校园文化生活。同时，学校借助少年宫活动场地，积极推进体育场地对外开放，为师生提供良好的休闲活动场地。

经过近一个学年的积极推进，学校课后服务切实减轻了家庭负担，解决了家长在家辅导的难题，解决了学生课外活动单一问题；同时，激发了学生的学习积极性，促进了学生个性发展、健康发展、全面发展。

群众有所呼，教育有所应。课后服务作为一种新的教育服务，一种新的惠民措施，受到了全体家长和学生以及社会各界的广泛好评。我们将继续精心安排，精准发力，顺势而为，勇于担当，打造更有温度、更有情怀的教育，用真情和奉献做好服务工作，办好人民满意的教育！

最是书香能致远，渠有源头水自清

精读一本好书，点亮一盏心灯。

学校本着“读书引领、课题带动、整体提高”的原则，确立了构建“一体两翼”校本教研体系的教学思路。“一体”是指推进构建“361”主持式课堂（“361”是指一节课里教师讲课引导时间占30%，学生小组合作探究展示训练时间占60%，归纳总结反思时间占10%），促进“微共体”建设的课堂教学模式；“两翼”是指“书香校园引领下的学习型教师团队的整体构建”和“共享文化下的校本教研模式研究”。

一、加强学习，奠定教师教育教学的新理念

2021年9月，学校确立了“转变学生学习方式教学设计研究”的课堂教学改革目标。学校领导班子结合学校实际，进行了认真分析：教师理论水平的提高是课题研究的先决条件，而解决这一问题的最佳路径是结合课题研究实践读书学习。于是，学校确立了“以阅读提升教育理念，以教研改变教学行为”的工作理念，在全校开展以读书学习促进课题研究的活动。认认真真开展读书学习，实实在在进行课题研究，最后获得了良好的成效。

成立“以读促研”领导小组。为强力推进“读研”活动，学校成立了校长任组长、中层干部和教研组组长任成员的领导小组，下设办公室。

制定了《两城中学“博学工程”实施方案》，并辅之相关的规章制度。明确了读书内容：《教育新理念》《给教师的一百条建议》《为“真学”而教——优化课堂的18条建议》《初中班主任的10堂家长课——帮父母解决关键问题》《教师专业化的理论与实践》《新课程中教师行为的变化》《教学理论：课堂教学的原理、策略与研究》《多元智能》《课堂教学技艺》等。学校规定了读书时间，严格考勤与管理，将开展读书活动纳入对教师的日常考核。同时，实施“校长包级部，中层干部包科组”机制，实行“科组间竞争，科组内捆绑”的激励措施，为开展读书学习、促进课题研究注入动力和活力。

读书研究从问题入手。教师从理念的理解，到教学设计的改革，到教师教学技能和教育智慧的提升，再到师生互动课堂的创新，都有很多困惑或疑虑，带着如何解决这些问题来读书学习，这不仅是教师的愿望和需求，也是课题研究要解决的问题。因此，在教育教学问题的引导下读书学习，开展课题研究，是有效开展“以读促研”活动的成功经验。在这种前提下开展“以读促研”活动，急教师之所急，帮教师之所求，形成良性循环，教师主动参与其中。

读书研究形式灵活多样。学校读书学习形式灵活多样，以自学为主，坚持自学与集体学习相结合。要求教师每天坚持读书一小时，每周写一篇读书心得。集体学习以课题组为单位，利用每天下午后两节课，轮流到教师阅览室阅读，然后分组讨论。读研活动中，领导干部身先士卒，以身作则，先学先研。校长、业务校长、中层干部带领大家读书学习，与教师零距离交流，鼓舞调动了教师读书学习的热情。

学校“教师学堂”每月开课一次，分“专家论坛”“校长讲座”“骨干报告”和“前沿信息”四类循环进行。其中，“专家论坛”主要观看知名专家、学者就当前教育科学前沿理论、教育改革与发展面临的主要问题与对策等进行的解读和评论；“校长讲座”主要由校长、业务副校长对当前学校发展面临的重大理论与实践问题进行专题辅导；“骨干报告”主要由学校课题研究带头人进行经验交流；“前沿信息”主张全员参与，交流教师了解和掌握的先进教育科研信息和教改成果。

根据需要，学校定期组织读研交流报告会、讨论会，评选优秀读书笔记、优秀教学随笔，开展教师读研演讲比赛、读研心得征文竞赛等丰富多彩的活动，激发了教师主动参与读书学习、进行课题研究的积极性。教师真切地认识到，走进现代教学论的海洋，方觉自己知识的浅薄，走进课题研究，才发现自己教学思想的落伍和保守。因此，要做一名适应时代发展需要的教师，必须读书学习，必须参加课题研究。

二、以学定教，创建课堂教学设计的新模式

课堂教学是传授学生科学文化知识的主渠道，提高课堂教学的效益是提高教学质量的根本途径。打好教学质量攻坚战，课堂教学是主阵地。深化课堂教学改革，就是彻底打破陈旧僵化的课堂教学方式，营造课堂教学的新气象，让课堂充满生命活力。

在课题研究中，我们对教师的备课进行了调查，大多是教师根据自己的学科知识，参考有关资料充实自己，与教材达到统一，其结果必然是以“教”定“学”，学生被动学习。为改变这一局面，经过反复论证，我们决定以转变学生学习方式为目标，从转变学生学习方式的相关因素入手，以“学”定“教”，全面展开课堂教学设计研究，着力构建“361”主持式课堂，大力实施“导、学、议、助、测”五环节教学模式，促进“微共体”学习小组建设，全面提高课堂效率。同时，狠抓集体备课，合作攻关，采取“一课多案，一案多讲，一讲多评”的形式，组织多种形式的示范课、汇报课、研讨课等，进行研讨交流，总结提升，资源共享。

我们倡导：课堂改革，不求模式，但求有效；课题研究，不求高端，但求所用；教学质量，不看“绝对值”，而看“加工能力”。

三、读研结合，彰显教育教学新气象

学校不断推进读研结合工作，课堂教学出现了新气象。

教师的角色定位发生了明显的变化。教师已从学生学习的支配者变为学生学习的组织者，从知识的传授者变为学生探索的促进者，从学生学习的评判者变为学生学习的激励者。课堂教学中学习的内容是学生比

较感兴趣的，讨论的问题是由学生提出来的，学习结果是学生共同商讨的，评价是学生自己做出来的。在学生自主学习或合作交流时，教师注意倾听学生的发言，在学生需要时给予适时的指导，争取做到凡是学生会说的教师不提示，凡是学生能做的教师不代替。

学生的学习方式得到了明显改善。首先是学生的自主学习、合作学习、探究学习、体验学习等新的学习方式开始进人课堂，代替被动地听讲。二是学生能通过操作、实验、演讲、讨论等生动活泼的形式，动手、动脑、动口进行学习，自主获取知识。三是开放了学生学习的时空，课前自主搜集学习资料，课中在广泛的知识信息中感悟，在思维碰撞中生成，课后利用自己喜欢的学习形式在生活实践中应用拓展。四是开始变“接受”学习为“发现”学习，学生从教材内容、从现实生活中结合个人的体验发现问题、提出问题、研究问题，从而解决问题。

最是书香能致远，渠有源头水自清。我们认识到，在读书学习中进行课题研究，是做一名与时俱进能适应新课改的教师的必由之路，是学校可持续发展的必由之路，是提高教育教学质量的必由之路。今后，我们将扎实推进此项活动的开展，遵循科研规律，求真务实，真抓实干，全面提升教育教学质量，办好人民满意的教育。

构建新课堂，我们在行动

真学发生在课堂，形之于学生，真学与否的根子在教师那里。但是把视点提高一些，那么教师只能退居“次根”位置，而学校管理者才是“元根”所在。

——冯卫东《为“真学”而教——优化课堂教学的18条建议》

学习“金字塔”是美国国家训练实验室的研究成果，它用数字形式形象地显示了采用不同的学习方式，学习者在两周以后还能记住内容(平均学习保持率)的多少。

魏本亚教授说：各位校长，请一定研究一下学习“金字塔”，并把它张贴在学校最显耀的位置，让全体师生经常驻足留意，并时时刻刻警诫自己的教学方式和学习方式。

所以，学习“金字塔”是构建“自主·合作·探究”教学模式的重要理论支撑。

学习“金字塔”中，第一种学习方式，通过“听讲”，学习的内容两周以后只能留下5%。第二种学习方式，通过“阅读”，两周以后学习的内容可以保留10%。第三种学习方式，通过“试听”，两周以后学习的内容可以保留20%。第四种学习方式，通过“演示”，两周以后学习的内容可以保留30%。第五种学习方式，通过“讨论”，两周以后学习的内容可以保留50%。第六种学习方式，通过“实践”，两周以后学习的内容可以保留75%。第七种学习方式，通过“教给别人”或者“马上应用”，两周以后学习的内容可以保留90%。

有学者提出，学习效果在30%以下的几种传统方式，都是个人学习或被动学习；而学习效果在50%以上的，都是团队学习、主动学习和参与式学习。

由此观之，实现教师课堂角色互换，让学生始终成为课堂的主导者，能充分调动学生学习的积极性。这是课堂教学改革的核心，是提升教育教学质量的关键。

近年来，两城中学乘教育改革的东风，以新课改为契机，立足学校实际，着眼于课堂教学改革，积极构建高效课堂，促进了学校内涵式发展。

学校根据新教育实验项目的主要内涵和实施途径，以构建“新课堂”为切入点，实施新一轮的课堂教学改革，积极打造以学生学习为核心，让学生学会学习，培养学生创新精神和实践能力的“生本课堂”，实现“教”和“学”方式的转变，营造了课堂教学的新气象。

一、自主学习，创建“新课堂”

针对传统课堂学生学习动力不足，学习兴趣不浓，讨论漫无边际，完成作业疲于应付的客观现状，学校在初一、初二年级实施学生成长共同体的“分组教学”。

针对英语和数学这两门学科的学生基础各异，成绩两极分化，存在一些“学困生”等客观现实，学校在初三年级实施“走班教学”。

（一）实施分组教学，让学生成为课堂教学的主角

建立学生成长共同体。共同体成员分工明确，各司其职，共同完成学习任务。组长一般由管理能力强的学生担任，主要任务是在教师的指导下，组织全组人员一起合作学习，讨论探究，共同完成小组学习任务。在小组的建立上，由班主任统筹考虑班里学生的整体情况，综合考虑学

生的知识基础、学习能力、学习态度、行为表现等多方面因素。

课堂组织实施。积极探索“361”生本有效课堂，实施“导、学、议、助、测”五步环节：“导”，即承前启后，教师提纲挈领，激发学生学习兴趣；“学”，即预习自学，让学生带着明确的任务，掌握恰当的自学方法，不断提高自学能力；“议”，即自主讨论，让学生互相答疑解惑，完善问题答案，形成最佳学习效果；“助”，即教师点拨，教师依据学习目标，对学生学习遇到的问题，进行讲解点拨，加深学生对问题的认识与理解，培养学生的创新思维能力；“测”，即形成性测试，检验学生对所学知识的掌握程度。

分组教学是一种让学生自主学习的教学模式，要求教师转变角色，不再是单一的知识传授者，而是学生学习的组织者、引导者、参与者。在课堂教学中，确定学生的主体地位，才能营造课堂教学的积极氛围，创设丰富的教学情境，激发学生的学习动机，调动学生学习的积极性，唤起学生的主体意识，使学生通过体验去认识事物，让课堂成为学生成长发展的乐园。

（二）实施走班制分层教学，让学生成为学习的主体

初三年级“分层走班制”教学，是学校根据学生的英语、数学两门学科的知识掌握情况、能力水平、智力和非智力因素等，将一个教学班的学生分成A、B两个层次，再根据因材施教的原则，有针对性地分层备课、分层授课、分层指导、分层练习的一种教学模式。

初三“分层走班制”教学的实施，有效调动了学生学习的积极性，使不同层次的学生树立了信心，提高了课堂效率，让学生自主选择最适合自己的课堂，“学困生”能够“吃得消、吃得了”，“学优生”能够“吃得饱、吃得好”。课堂教学变得更有挑战性、趣味性，有效促进了“学困生”的转化，从而大面积提高了班级各层次学生的学习成绩。

二、应用新技术，助推“新课堂”

教育信息化技术的飞速发展，给传统教育带来了新的发展机遇。资

源管理智能化、教学模式多元化、学习方式自主化，已成为教育发展的必然。目前，学校正处于新一轮课堂教学改革时期，利用好现有资源与设备，将信息化与课程完美融合是教师共同的目标。

新学期学校大力实施信息技术与课程整合工程：用信息化武装教育，打造“云智+人人通”的课堂教学模式，把平台资源、电子白板、教师手机、学生答题器等设备有机融合，实现“互联网+课堂”这一高效的教学方式。

为此，学校结合教师信息化资源应用的实际情况，积极开展技术应用培训，实施教师信息技术达标活动，提升教师信息化应用素养，全面提高课堂教学效能。

（一）加强信息技术培训与管理

专题培训。教师充分利用暑期远程研修和日常培训，学习信息技术相关选修课程和交换式白板应用，观看《微课操作实务》培训视频，提高制作微课视频的能力，巩固和提高应用信息技术的能力。

互助培训。教师充分利用各种交流平台，进行同伴互助学习，共同探讨和解决在信息化应用过程中遇到的实际问题。例如通过教师微信群、教干 QQ 群、班主任 QQ 群等平台进行交流和学习，提高信息化应用水平。

建立信息化技术应用激励机制。学校制订信息化应用管理评价方案，根据方案及时督导教师做好信息化应用工作。通过奖励机制，对参与教育信息化资源应用的教师给予激励和支持。定期对教师信息化应用情况进行总结和通报，鼓励教师建立自己的网页或博客，加强与名师、与家长、与社会的交流。

（二）提高课堂教学效能

促进教学模式多样化。信息技术的革新带动了传统课堂教学模式的转变，使课堂变得更有趣、更高效。全新的上课方式生动活泼，能吸引学生的注意力，提高学生的学习效率，使课堂教学内容更直观、更形象。

教师端发送命令，学生端及时回应，学生端提交答案，教师端及时统计、分析并展示，让课堂学习形式立体化。

促进学习方式自主化。信息化技术的应用真正实现了生生、师生的交流互动，利于过程性监控，并且进行及时、个性化辅导，真正实现按需学习。同时，大量而优秀的学习资源，学生可随时随地自主选择。

总之，信息化技术的应用使科任教师“善假于物”，为课堂教学改革插上了飞翔的翅膀，有力地助推了“新课堂”建设。

三、重点课题研究，引领“新课堂”

课题研究是提高教师科研素质的一个有效途径，是打造“新课堂”的理论基石。

学校先后承担了10多项国家级、省级和市级实验课题。通过课题研究，教师提升了理论水平和实践能力。同时，通过开展读书活动，让读书成为教师的习惯；通过开展教学反思，让教学反思成为教师的工作常态；通过创建特色教研组，从根本上改变教师的教学方式，促进教师的专业成长。一批批骨干教师成长起来，助推了“新课堂”教学模式的构建，提高了教学效率。

2021—2022学年度，学校开展了五期“教师论坛”，很多优秀教师在论坛上分享了自己的课改心得。

数学教师梁启华。在课堂教学中，充分发挥学生的主体地位，给学生提供交流、展示的机会，培养其自主学习能力，促进学生由“学会”到“会学”。上课开始，用抽签的方式展示学生作业，以督促学生认真完成作业，使课上学习与课下练习形成闭合循环。在讲授新知识时，精讲例题，透彻讲解，深入问题的本质，渗透教学方法和数学思维。同时，面向全体学生，尊重学生思维的个体差异，引导学生一题多解，多题归一，用欣赏的眼光发现学生身上的闪光点，及时表扬鼓励，激发思维潜能。

物理教师郦兴芳。苏霍姆林斯基在《给教师的一百条建议》中指出：有一种可怕的危险，这就是学生坐在课桌后面而无所事事。于是，我划分了学习小组，每组成员都有各个层次的学生，然后选配了组长，其他成员各司其职。其中，基础差的同学负责每天上课前对上一节课基础知识进行检查，目的就是让他们在检查的过程中掌握基础知识；作业拖沓的同学负责检查作业的完成情况，目的是督促他们按时完成作业；组长负责各项任务的全面监控，并及时汇报老师。这样，通过小组合作学习，营造了民主、宽松、和谐的学习氛围，提高了学生的学习能力和效率。

英语教师叶金华。古人云："亲其师，信其道。"教师应放下师道尊严的架子，尊重、理解、信任、爱护每一名学生，注重与学生的情感交流和沟通。当学生的行为出现偏差时，多做换位思考，做到宽严相济。

教师在课堂上始终保持愉快的心情，积极的态度，营造良好的课堂气氛，授课过程中尽可能通过教学语言和方法吸引学生，并引起学生兴趣。师生互动时，时刻关注学生的反应，让学生重视自己的表现。

每一堂课结束，我都会静下心来反思自身的行为，回顾每堂课的情况，认真分析课堂上的得与失，找出教学中的不足，积极融人他人的教学经验，不断地改进课堂教学，牢固树立目标意识、效率意识、学法指导意识、学生参与意识和全员达标意识，从而保证学生每一节课都学有所得，学有所用。课后及时反思，可以帮教师找到问题所在，积极解决问题。

数学教师陶盈利。首先，倡导学生提前预习，在一定程度上能有效地减缓学生学习新知识的压力，同时学生在预习过程中发现有哪些知识点一知半解或者不懂，可以带着疑问听课，从而学会主动思考，使思维能力达到一个较高的层次。其次，提倡学生课后进行精题好题的整理总结归纳。每位同学都要有自己的精题本（错题本），把课堂拓展、课下练习、复习考试中的精题错题整理收纳到精题本（错题本）上，并且时常研习、反复琢磨，理解记住易错"陷阱"。第三，培养学生考试答题方法与技巧。心态上要求把每一次练习当成考试，把考试当练习，提高运算能力，养成"一看、二想、三计算"的好习惯。第四，抓好审题训练，做到"审题要慢，做题要快"，提高验算和自查能力，每一次出错都要找到出错点和原因，以便及时改正。

历史教师尚衍波。采取有效措施，激发学生兴趣。兴趣是最好的老师，是学生学习的动力和源泉。在教学中，教师要注重学生学习兴趣的培养。首先，要让学生感受到历史知识的价值。历史知识的过去性特点，使得很多学生感觉学习历史无用，所以教师要充分发掘历史学科知识的价值。其次，在课堂上用生动、幽默的语言多给学生讲一些与本课内容相关并能体现教学重点的故事，让学生从故事中感受历史，并从中有所收获。最后，构建有效课堂，提高学习效率。课堂教学是教学过程中最重要的一环。教师要将对知识的掌握设定为必须掌握（背过）、理解、知道三个维度。对知识的掌握，教师应先提出问题，让学生去阅读，然后在书上找出答案，这样既能减轻学生的课业负担，又能提高课堂效率。

思政教师唐玉洁。思政课不仅要上得“有意义”，更要上得“有意思”，要在遵循思想政治工作规律、教书育人规律、学生成长规律的基础上，通过教师的巧妙引导和课堂的精心设计，让学生“真学真信、愿学爱学”。要打造有意思的课堂，教师方面体现在课前、课中、课后。

课前，认真备课。我们的备课必须把握住一明一暗两条主线，明线是课程标准，暗线是立德树人。在掌握学生学情基础上研读课程标准和教师用书，明确课程教学目标，有效把握教学内容，做到“胸中有纲，腹中有本”。同时根据教学目标，诊断学生学习的障碍，精心设计教学内容、设计问题、设计板书、设计练习，坚持以学生的成长需要为活动设计的原点，将育人成长活动化，制定确定切实可行的教学方法。在“有意义”的基础上立足于学生认知规律，用学生喜欢的方式呈现出来。教师还应该把握好教学的“大目标”，并把“大目标”分解成若干个“小目标”，坚持循序渐进的原则，通过实现“小目标”一步一步地实现“大目标”，以促进思政教学效果和教学质量的提高，更加有效地培养学生的学科核心素养，促进学生的成长和发展。

课中，做好师生之间的互动交流，对学生积极引导，科学评价。明确学生的主体地位，发挥教师的主导作用，加强师生之间的互动和交流，科学利用网络资源，把抽象的课本理论知识具象化，把它们变成图片、视频、生活案例，吸引学生的注意力。

课后，布置实践性作业。不留课下书面作业，但每节课后都布置拓展性的实践作业，即以本节课的内容为主题，开展丰富多彩的实践活动，如寻找身边的学习榜样，参加志愿者服务，进行专题社会调查等，以促进学生身心健康和全面发展，切实减轻学生学业负担。

今天，两城中学构建“新课堂”已成为推动素质教育发展的一道亮丽风景，其作用日益凸显。今后，我们将进一步提升教师队伍素质，完善课堂教学改革，全面提升学校内涵，促进教育可持续发展。

构建教师成长共同体，推进管理效能最大化

2021年秋季新学期以来，学校扎实推进评价制度改革，强化“三纵四横”的管理模式，积极推进教师共同体建设及捆绑式评价实施，凝心聚力，努力打造团队精神，取得了一定的成效。

一、打造年级组团队，实现有效管理

年级组是学校教育的基层单位，是学校组织教育教学工作的关键环节。抓好年级组建设，对学校的管理和发展起到重要的作用。为此，学校以铸造“诚·智”好教师为切入点，开展系列活动，强化师德建设，提高年级组的管理水平和执行力，努力打造团结奋进的年级组。

以目标为导向，树立团队意识。学校共有三个年级组，在教育教学活动中，积极倡导团队协作精神。根据学校2021年工作要点，各年级组制订了不同的学生发展目标，采取切实可行的工作措施，使每一位教师齐心协力，同心同德，肩负共同的使命感、归属感和认同感。

学生培养目标：初一“以迈好规范第一步，做自尊自理的中学生”为目标，初二“以迈好青春第一步，做自重自律的中学生”为目标，初三“以迈好人生第一步，做自强自立的中学生”为目标。

以育人为根本，形成教育合力。学校贯彻落实《中小学德育课程一体化实施指导纲要》，积极推进全员导师育人制度，全力实施“4+1”全

员育人管理模式，即“4”指“全岗位育人”“全课程育人”“全时段育人”“全方位育人”，“1”指“全过程考核”。在全员育人的工作中，要求各任课教师与所教学生结成导学队伍，导师对学生采取“四导”策略，即思想上引导、学业上辅导、心理上疏导、生活上指导，班级形成了一个个导学团队，促进学生健康成长，促进教师专业成长，增强团队意识，形成教育合力。

以质量为抓手，促进均衡发展。各年级根据学校2021年学生培养目标，积极构建每月质量检测体系运行机制，实施教学质量全过程管理规程，加强对教学过程的监测，及时掌握“教情”和“学情”。通过召开教学质量分析会、学情调研会和学科教学研讨会，提出改进教学工作的举措，努力缩小同年级、同学科差异，分析课堂教学存在的问题与不足，提高课堂效率，提升教学质量。

以活动为载体，增强团队凝聚力。学校把开展丰富多彩的竞赛活动作为团队建设的载体，利用重大节日，开展年级组之间的文体活动。如素质拓展活动、拔河比赛、歌咏比赛等，寓教育于活动之中，从而愉悦教师身心，提高团队凝聚力，丰富校园文化生活。

二、打造备课组团队，推进课堂改革

备课组是学校教学工作的基层组织，是学校开展教学研究活动的基本组织单位，更是落实校本研究中同伴互助的主要载体。为此，学校不断加强备课组环节，采取各项措施，打造特色教研组，推进教师共同体建设。

构建学习型组织。学校持续实施教师素质提升工程，积极搭建教师专业成长的平台，促进教师素质整体提升。学校根据不同学科教师专业成长特点，通过“集中培训”“教师论坛”“教师自修”等实效操作，围绕教师发展目标，创建特色教研组。积极倡导“让阅读成为教师的生活方式，让读书融人教师的工作生活”工作理念，明确要求教师读理论专著，增强学科素养；读文苑佳作，提高生活品位；读报纸杂志，了解教育时事。同时，撰写读书心得，以开拓视野，提升专业能力。

打造研究型团队。学校进一步开展常规教研和课题研究，将教育科研常态化，把教学工作与教育科研结合起来。教师根据教学需求、研究兴趣，组成研究团队，聚焦课堂教学，设定研究专题，以学科专题研究为切入点，扎实、深入地开展研究，开展教学训练。教师彼此间既是合作者又是学习共同体，都在学科教学的主题研究中，潜移默化地获得专业成长。

积极实施“青蓝工程”。学校积极开展“青蓝结对”活动，要求青年教师与骨干教师签订“帮扶”协议，明确师徒之间的权责与义务，通过同伴互助，发展每一位教师的教学能力，实现个人与集体的双赢，为不同层次教师的专业发展构建学习共同体。

三、打造班主任团队，实现精细管理

班主任是班级工作的组织者、领导者和教育者，是班级任课教师教育教学工作的协调者。学校管理水平的提升取决于班主任班级管理的能力。为此，我们要抓住班主任这个重点环节，加大班级管理力度，促进班级工作的整体提升。

管理上重培训。学校把班主任培训纳入学校工作计划，多次举办班主任培训班，努力做到培训系列化、层次化，并通过集中学习、自主进修、交流研讨等形式，促进年轻班主任的快速成长。同时，通过“班主任论坛”交流平台，给班主任提供了一个相互学习、借鉴、取长补短的机会，提高了全体班主任的综合素质和教育管理能力。

方法上求创新。学校大力倡导班主任独立自主、大胆创新，充分发挥自主能动性，相互交流，定期展示自己的亮点，并及时推广成功的班级管理经验，让行之有效的班级管理模式全面推开。在思想上要不断地与时俱进，在方法上要不断地开拓创新，始终用发展的思路、创新的办法来解决班级管理中遇到的各种问题，在实践中探索，在探索中前进，从而培养一支勇于奉献、开拓进取、素质优良的班主任队伍。

制度上重在激励。学校制定《两城中学班级考核细则》，量化班级工作，实行“优胜班级”红旗流动制。学校将早读、静班、卫生、午休纪律、自习纪律、文体活动、校服穿着、食堂排队、光盘行动等班级管理的方方面面都纳入量化考核范围，将班级评分情况一日一公布、一周一排名、一月一汇总，实现精细化管理；同时，把考核结果计入教师考核档案，作为评优树先、职称评审等的重要依据，构建教师激励新机制，引导教师自主发展，有力推动了班集体建设。

总之，一个优秀的团队应该具有强大的凝聚力，团队的每个成员都应该奋发向上，而且还要做好符合客观实际的教育评价。唯有如此，才能彰显学校团队精神的无穷魅力。

寻迹龙山文化，尽享陶艺时光

近些年，学校坚持以习近平新时代中国特色社会主义思想为指导，乘教育改革的东风，以新课改为契机，着眼学生素质整体提高，在完善传统课程的基础上，有效开展以“龙山文化探秘”“蓝色海洋教育”为主题的综合实践活动课。我们把开展综合实践活动课程作为学校落实课程方案的切入点，积极进行综合实践活动课程的探索与研究，进而推动课堂教学改革，形成了鲜明的办学特色，促进了学校内涵式发展。

乡土文化是民族历史发展中创造的物质财富和精神财富的综合体现，形成了各个地方的文化特色。乡土文化蕴含大量的艺术人文内涵，对学生人文素养的形成不可或缺。作为农村中学，乡土文化是综合实践活动课开发的重要资源，是学生参与社会实践、形成教育特色的重要组成部分。现以“龙山文化探秘”综合实践活动课为例，说明“开发课程资源，实施素质教育”的实施情况：学校现有龙山文化展室一处，建筑面积101平方米；陶艺室一处，建筑面积101平方米。陶艺室配有电动拉坯机、电窑、练泥机、泥条机、泥板机及各种陶艺工具刀等，配备专业陶艺师和美术教师传授陶艺制作工艺，并激励辅导教师参加各种形式的业务培训，确保了课程的全面顺利实施。同时，学校加大资金投人，建设龙山文化宣传长廊一处，龙山文化校园景点一处，营造了良好的教育氛围。

一、综合实践活动课的研究模块

“龙山文化探秘”综合实践活动课分三个研究模块，分别是发现探索模块、创意实践模块、开发拓展模块，三个模块相对独立又相互依托，逐层递进。各模块内容及具体运作方式简述如下：

模块一：发现探索模块

活动方式：引导学生通过实地考察、图书阅览、网络资料搜索等方式，搜集整理关于两城龙山文化陶艺的相关资料，初步分类，感知文化内涵与审美特质。选择自己喜好的龙山文化陶艺类型，从文化内涵、审美特质、工艺特色等方面开展研究性学习活动。

活动目标：探究精神，问题意识，审美素养，信息素养。

活动场地：两城龙山文化广场，龙山文化遗址，两城黑陶厂日照博物馆。

课程资源：网络信息，野外考古调查资料，民间收藏。

呈现方式：调查报告，龙山文化资源库。

本模块是整个课程的基础与出发点，是后两个模块（侧重实践、艺术创作）的文化基础与理念先导。通过问卷的方式，了解学生对龙山文化的认知程度，引导学生通过图书、网络查找龙山文化相关信息，在理念上对龙山文化有大概的认知，为以后的活动设计找到出发点与侧重点。

模块二：创意实践模块

活动方式：了解并实践传统与现代陶艺制作工艺，用传统工艺复制龙山文化代表器物，如陶鬶、陶杯，对田野考古搜集到的陶片进行修复，进行有创意的现代陶艺作品设计制作。

活动目标：创作精神，动手能力，文物保护意识，当代视角。

活动场地：两城黑陶厂，学校陶艺室。

课程资源：陶泥，龙山文化陶片。

呈现方式：陶艺作品，文物复制品，以陶为材质的篆刻作品。

本模块侧重学生的实践，通过龙山文化陶器的修复与制作，体验陶艺文化的魅力，培养学生的造型能力和创造意识。这个模块是整个课程中最有看点的，也是学生最感兴趣的。课程呈现部分就是学生以龙山文化为主题的陶艺作品。在陶艺制作的过程中，学生充满了兴奋、好奇与欢乐，是综合实践活动中最具乐趣的环节。

模块三：开发拓展模块

活动方式：了解、赏析现代陶艺理念及作品，反思已创作陶艺作品并进行改进或重构。思考龙山文化陶艺在当代文化情境中的走向，并提出有价值的开发规划。

活动目标：当代视角，全球意识，社会责任感，反思品质。

活动场地：学校教室，网络。

课程资源：网络资源，陶艺作品。

呈现方式：陶艺作品，两城龙山文化陶艺开发建议。

本模块是对前面两个模块的拓展，在基于龙山文化的陶艺制作之后，我们不能仅局限于地域文化，以此为出发点，引导学生将陶艺从两城黑陶拓展到宜兴紫砂、景德镇陶瓷，由陶器拓展到瓷器，由原始社会陶艺拓展到当代陶艺。学校为此专门设置了龙山文化展室、陶艺室，购置了基本的陶艺器材，并与两城的几家黑陶工艺厂合作，为学生提供实践、创意的空间。

二、综合实践活动课的实施策略

学校经过多年的实践探索，已经逐步形成了综合实践活动课程的实施策略、方法，构建了比较完整的校本课程体系，有效推动了学校课程方案的落实。

健全综合实践活动课程管理网络。学校成立综合实践活动课指导委员会，制定并实施《两城中学综合实践活动课实施纲要》《两城中学综合实践活动课评价方案》《两城中学综合实践活动课指导手册》等一系列指导性文件，形成了综合实践活动课的支持保障系统。

形成综合实践活动课程开发机制。学校利用现有课程资源，不断开拓综合实践课程空间，适时、适势开发综合实践活动课校本课程，实现综合实践活动课程校本化，构建了校本课程开发的基本模式，形成校本课程开发实施“六环节”流程，即调查准备→确定主题→申报立项→编制方案→组织实施→反馈评价。

创建“一纲一卡一袋四表”模式，保证综合实践活动课扎实开展。“一纲”是指《两城中学综合实践活动课实施纲要》；“一卡”是指综合实践活动课主题备课卡；“一袋”指学生综合实践活动评价档案袋，包括学生参加课程的活动记录、师生评价以及成果；“四表”是指调查表，课程申报立项表，学校课程计划表，课程实施记录表。

提高教师的课程实施能力。学校通过有组织、有计划的培训，使教师理解了综合实践活动课的教育理念，提高了教师课程实施的水平，教师的课程意识得到强化，由对综合实践活动课的模糊认识、不理解、不会做，转变为“想”做、“会”做。

形成系统的评价机制。制定《两城中学综合实践活动课评价方案》，对学生的综合实践能力进行评价，并作为学生综合素质评价的一部分。按照整体性、多元化、过程性的评价理念，采用自我评价和他人评价、形成性评价与总结性评价相结合的评价方式，以情感态度行为、团体协作精神、过程记录、创新操作技能为评价内容，对学生进行全面评价，发挥评价的导向作用。

学校“龙山文化探秘”综合实践活动课程，先后承担中央教科所“课程资源开发与利用”子课题、山东省规划课题子课题，学校被授予“山东省教育科学实验重点课题优秀实验基地”“山东省综合实践活动课程研究重点实验基地”“山东省以校为本的课程资源开发重点实验基地”等荣誉称号，并获得“山东省教育科学成果一等奖”“中央教科所优秀科研成果奖”等。

三、综合实践活动课的开发成效

学校在积极开发课程资源的基础上，全面推进课堂教学改革。

实施“有效教研”。针对新课改实施过程中遇到的问题，广泛开展“小课题”研究，由“大、空、松”到“小、实、用”转变，教师针对自己教学实践中的困惑和矛盾，提出自己的疑问，在教研组交流的基础上，形成有研究价值的问题，提交教研室。教研室根据教研组提交的问题，本着均衡发展、先急后缓的原则，确立并规划教师个人或教研组的小课题，着手准备和规划本学期校本培训、业务学习所需的内容，以及成果交流和展示的相关事宜，为小课题的开展提供必备的支持和配合。教师根据自己的实际情况，设计研究方案，组织研究团队。教研室及时组织课题成果结题会，采用现场报告和答辩的方式，形成理论，提升影响力，完善研究成果，并传播推广应用到教学实际中。

实施“有效教学”。有效教学，即有效备课，有效上课，有效作业批改，有效课外辅导，有效听评课。完善和落实常规过程检查工作，对教师的教学计划、备课、上课、课后反思、听课、作业批改、辅导、考试等各个教学环节，提出明确的要求和检查方法，通过周备课审查、月量化考核、阶段业务考评，将教学督导检查落到细处，真正从多个层面对教师的业务进行把关、考核、量化，为教育教学提供有效依据。突出课堂教学，即针对当前课堂存在的一些“低效、无效”现象，创新课堂教学模式，提出课堂教学的“学、思、议、助、测”五步环节，把课堂还给学生，形成“兵教兵”“兵练兵”“兵强兵”的课堂教学新局面。

学校综合实践活动课程的开发实施，已经成为落实课程方案、推动课堂教学改革的动力，提高了学生的审美能力，激发了学生的学习兴趣，提高了课堂教学效率，促进了教育教学质量的提高。我们在今后的工作中，将会进一步完善综合实践活动课程模式，打造学校办学特色，助推学校内涵式发展。

蓝色海洋教育，领航绿色生活

校本课程是三级课程的重要组成部分，是实施素质教育促进学生全面发展的重要环节。近年来，两城中学以《基础教育课程改革纲要（试行）》和《山东省义务教育地方课程和学校课程实施纲要》为指导，立足学校实际，围绕海洋地理、海洋经济、海洋科技、海洋军事、海上交通、海洋资源、海洋环保、海洋文明、海洋未来等选题，开发实施了以海洋为主题的校本课程，逐步掌握了校本课程开发和实施策略模式，形成了比较完整的海洋教育校本课程体系，有效推动了学校新课改的落实。

一、立足校情，规划“海洋教育校本课程”

两城中学坐落于两城龙山文化的发祥地，地处鲁东南。同时，学校地处海防要冲，附近的边防派出所、海军雷达站等，为国防教育、爱国主义教育、革命传统教育提供了良好的基地。

两城镇历史悠久，传统文化深厚。两城龙山文化是面积最大、最为典型的新石器时期文化遗址，从1936年被发现至今，一直吸引着无数的海内外学者、考古学家来此考察研究。

基于此，学校“海洋教育校本课程”的基本思路是：以《基础教育课程改革纲要（试行）》为指导，立足学校所在地丰富的海洋资源和丰厚的人文资源，开发实施海洋教育校本课程，对学生进行海洋教育。以海洋教育校本课程开发为切入点，探索农村中学校本课程开发方法和基本模式，研究校本课程开发实施的途径，提供可借鉴的案例，构建学校校本课程体系。通过开发校本课程改变教师教学方式和学生学习方式，发展学生的综合实践能力，培养学生的创新精神，帮助学生树立正确的科学观、人生观和世界观，实现教育可持续发展。

“海洋教育校本课程”的主题：蓝色海洋，我的家。

“海洋教育校本课程”的基本结构：由“海、古、林、红、游”五大板块组成。“海”，围绕海洋地理、海洋生物、海洋军事、海洋资源、海洋环保、海洋文明、海洋未来等选题组织开发实施。“古”，以两城龙山文化为背景，以龙山文化发源、探秘、黑陶艺术为选题组织开发实施。“林”，围绕鲁南滨海森林公园进行选题。“红”，以1932年城市暴动为主线，组织选题，如安哲传记、红色大地、烈士永生等。“游”，围绕民俗旅游、沿海旅游、红色旅游等选题组织开发实施，如“美丽两城带你游”等。

二、构建“海洋教育校本课程”开发实施的保障系统

建立健全各项制度，保证校本课程开发实施。一是健全校本课程开发组织。成立课程审议委员会，由校长、教师、学生、家长、专家组成，负责校本课程重大决策，形成《海洋教育校本课程开发方案》，制定有关开发与管理条例，检查与监督《海洋教育校本课程开发方案》的执行。成立课程开发攻关小组，由教导处负责组织协调各教研组与年级组，落实各项课程的管理措施，组织编写教案，充分发挥教师及各界人士的集体智慧，采用分工合作、分类组合的方式进行专题攻关。二是完善各项制度。学校制定《两城中学海洋教育校本课程实施纲要》《两城中学海洋教育校本课程评价方案》《两城中学海洋教育校本课程指导手册》等，使学校海洋教育校本课程开发、实施有章可循。

研训一体，培养和提高教师的课程意识和课程能力。一是开展行动教研，在课程实施过程中寻找问题、发现问题，解决问题。二是注重反思，在反思中总结经验、发现不足。三是合作互助，学校与周边企业、

旅游景区、高校、驻军等联合开发。

构建“一纲要五表”的课程开发模式。“一纲要”是指《两城中学海洋教育校本课程开发应用与管理指导纲要》，是学校海洋教育校本课程开发与实施的指导性文件，具体制定了学校课程开发的目标、实施方式、课程类别、评价方式等。“五表”是指调查表、课程申报立项表、学校课程计划表、课程实施记录表、反馈与评价表，用于课程开发、实施的具体操作。

开展重点课题研究，提升校本课程开发实施水平。学校承担了教育部重点课题“校本资源开发与利用”子课题“校本课程开发与利用”，山东省重点课题“中小学综合实践活动课实验研究”子课题“校本课程与综合实践活动关系研究”，山东省重点课题“农村学校综合实践活动模式的研究”等。在课题研究中解决了校本课程开发中所遇到的一系列问题，推动了校本课程的开发与实施。

发挥评价在课程开发与实施中的作用，制定《两城中学校本课程开发与实施评价方案》，引导教师积极、科学开发和实施校本课程，引导学生积极参与校本课程实践活动。

三、开展“海洋教育校本课程”的收获与反思

校本课程“海上两城”、课题实验报告《校本课程开发和利用的实践与思考》获中央教科所课程部“优秀科研成果”奖，《开发校本课程，促进学生素质发展》在全市素质教育现场会上作为典型经验交流。校本课程“海上两城”“龙山文化探秘”获得“日照市优秀校本课程”。日照电视台对学校校本课程的开发实施作了专题报道。

初步明确了海洋教育校本课程开发的六条途径。一是从学校办学目标出发开发校本课程，二是把地方资源转化为校本课程，三是把校内课程资源转化为校本课程，四是把活动课提升为校本课程，五是与行业、社区联合开发校本课程，六是将学校传统活动转化为校本课程。

初步构建了校本课程开发的基本模式，形成校本课程开发实施“六环节”：调查准备→确定主题→申报立项→编制方案→组织实施→反馈

评价。

校本课程开发与实施在以下三个方面起了重要作用并产生积极影响：

一是尊重差异，推动了学生的全面发展。海洋教育校本课程开发是基于尊重学校具体环境和师生的差异性而存在的。我们开发了满足学生不同需要的课程，涉及文学艺术、学习方法、时事与社会、劳动技能等各个方面，形成了系列完整的校本课程，学生可根据自己的兴趣、爱好选修课程。校本课程开发与利用推动了学生学习方式的改变，由单一的被动接受性学习向多元的主动探究性学习转化。

二是提升了教师的专业素质。承担“校本课程开发与利用”课题使教师掌握了开发实施校本课程的方式和方法，改变了教育观念，在“做”中获得了发展，获得了专业成长，全体教师形成了“我和校本课程一同成长”的共识。

三是校本课程开发得到社会认同。校本课程是一个开放的体系，面向社会，吸引了家长、社会人士、各方面专家参与校本课程的开发。

海洋教育校本课程开发实施，使学生在实践中了解了家乡，充分认识到家乡的美，激发了学生热爱家乡、投身家乡建设的热情。

探秘最美甲骨，感受汉字魅力

正是基于两城独有的乡土文化资源，从2021年秋季新学期开始，两城中学全面落实教育部“推动以甲骨文为代表的中华优秀传统文化传承发展”的工作要求，深入开展乡土文化教育和汉字教学的深度融合，进一步提升甲骨文教育特色，积极推进“山东省甲骨文特色学校”创建工作，开展了一系列富有创新、富有成效的工作，成为校园文化建设的新亮点、新名片。

一、加强组织领导，组建优秀教师团队

学校成立了创建“甲骨文特色学校”领导小组，制订创建实施方案，就课程设置、创新形式、组织研学、营造氛围等方面提出了具体的工作目标。组建甲骨文教学教师团队，其中，语文教师4人，传统文化教师2人，美术教师2人，黑陶工艺师1人。邀请相关专家指导教师培训和开展学术交流，开发校本课程，做好课前指导，开展相关读书活动。采取多种形式，推动甲骨文教学进校园工作，提高教师队伍汉字教学水平，营造良好的汉字文化校园环境。

二、开发校本课程，有效促进学科融合

在创建“甲骨文特色学校”过程中，学校甲骨文教师团队立足实际，

群策群力，开发了“走进甲骨”校本课程。课程以“传承中华优秀传统文化的根脉”为主旨，发挥课堂主渠道作用，以“汉字的起源”“汉字的演变”“汉字六书”“字理分析”等为教学内容，重点突出甲骨文的识字、注解和书法等重要环节。语文、历史、美术和传统文化等学科教师，把汉字教学和学科知识有机结合，将字理分析与学科教学深度融合。通过对汉字文化的了解、理解与运用，学生充分感受古人造字的智慧，既学到知识与技能，又接受传统文化教育，从而全面提升自身的人文素养。

三、组建学生社团，开展系列实践活动

学校成立了由80人组成的“甲骨文研学”社团，在指导教师的组织下，开展甲骨文专业培训。每周举行甲骨文知识讲座，阅读甲骨文相关书籍，开展甲骨文识字教学，对常用的甲骨文进行字理分析，学习汉字的构造规律，认识汉字的意义系统。定期聘请书画志愿者进校园，指导开展甲骨文书法讲座，讲述甲骨文书法规范，促进甲骨文书写释读一体化。定期开展甲骨文识字大赛和书法比赛，提高学生欣赏书法艺术的水平。定期举行“汉字之美”汉字书写大赛，让学生感受汉字文化的魅力。定期开展甲骨文研学活动，开阔学生视野，让学生感受中华文明。各项实践活动的开展，引领着学生以艺术的方式改变生活，发现美、享受美。

四、打造校园文化，营造良好育人氛围

在创建“甲骨文特色学校”过程中，学校逐步构建了以传承中华优秀传统文化为核心的校园文化，通过打造建筑文化、景点文化、走廊文化、班级文化等，营造汉字文化教育氛围，创设文化育人情境。其中，学校投资3万元，打造殷商文化长廊，全面展示汉字的特点、汉字的起源、汉字的演变史、汉字的研究史等殷商文化，全面讲述甲骨文的前世今生，让每一名学生都能在校园文化氛围中感受到汉字的魅力和中华文明的渊源，有力地增强了中华优秀传统文化的凝聚力、影响力、创造力，以达到文化立校、文化立人的目的。

千帆竞发风正劲，劈波斩浪再远航。拥有56年辉煌历史的两城中学，

将立足于中华优秀传统文化教育改革与创新，深入开展甲骨文历史思想和文化价值的普及工作，在传承中弘扬，在弘扬中发展，在发展中创新，提升师生人文素养，促进学校内涵式发展，努力打造富有特色的现代魅力文化校园。

家庭亲情，温馨守护

家是最温暖的港湾，家是最坚实的依靠。家庭和睦需要家庭成员真心投入，彼此互相鼓励，互相欣赏，互相支持，互相关爱，互相体谅。在本编中，作者通过对家庭琐事的记叙和对亲人的怀念，表达了感恩之心，抒发了家国情怀。

我们一家人

我的出生地既不是名门也不是书香世家，但父亲以身示范，给我们留下了终生受用的精神财富——好学与勤奋。

在我的印象中，父亲是我身边少有的爱学习的长辈。下班后，他喜欢看书、练字、画漫画。虽然我母亲时常嘲笑父亲，说他漫画天天投稿，也没见录用，但是父亲勤学执着的精神深深镌刻在我的脑海中。

记得我上师范一年级时，父亲单位举行“庆七一”诗歌朗诵活动，已到不惑之年的父亲却像年轻人一样兴奋地报名参加，而且交了一份他的原创诗歌。功夫不负有心人，那次比赛，父亲获得了大奖。兴奋的他把奖品送给了我。我知道他看重的绝不是那份奖品，而是那种精神上的满足感和获得感。

1995年7月，我参加工作。父亲千叮咛万嘱咐我，一定要踏踏实实地工作。他说了一句质朴却让我记忆深刻的话：“天下爷娘喜殷勤，勤快的人到哪里都受欢迎。”可是，还未来得及照拂我的工作，工作的第二年，父亲就生病了。在父亲临终的那段日子，我因为担心，时常在上班时间跑回家看他。没想到，这一举动惹怒了父亲。父亲一见到我，就质问我为什么不好好上班。当我流着眼泪离开时，母亲却悄悄跟了上来说：“其实你爸是渴望你留下来的，你一走开，他就回忆你小的时候，他抱着你，背着你，扛着你……”

我知道，父亲怕我耽误工作。没多长时间，父亲走了。办完父亲丧事的第二天，我就强忍着巨大悲痛走上了讲台。因为我知道只有我认真地工作，才能真正告慰九泉之下的父亲。

如果说父爱似山，那么母爱自然像海。我的母亲是一位家庭妇女，没有多少知识，但是同父亲一样，她知书达理，非常支持我的学习和工作。

生二胎后，每天早上上班前，我会先喂饱儿子，然后洗刷打扮一下再去上班。每当这时，母亲经常会催促我，动作快点，别耽误上班。后来我忍不住告诉母亲，我还在产假期，即使产假期过了，我还有哺乳期，我可以晚去一会儿的。母亲不以为然，说既然上班了，就不要迟到早退，不要让同事分担自己的工作，要对班级孩子负责。这时我才发现，“勤奋学习、努力工作”的思想早就根植于母亲心中了。

母亲今年73岁了，还时常在网上学习各类育儿知识，她说自己带外孙的时候可以注意一些问题，有时也会给我普及一下。一辈子没说过普通话的母亲极力地“撇”着不标准的普通话，陪着她的外孙学习、玩耍。

母亲用自己的努力解决了我的后顾之忧，让我可以心无旁骛地投人我的工作中。

家风，是一种无言的教育、无声的典籍、无声的力量，给予我们最基本、最直接、最精彩的教育。在父亲、母亲的熏陶和影响下，我成为一个学习勤奋刻苦的好学生，一个爱岗敬业的好教师。

家风如春雨，润物细无声；家风如财富，滋养后代。在儿女的教育方面，我和丈夫异常默契，把长辈的优良家风传承了下去。

我的丈夫是个勤奋的人，在家时分担很多家务。但是一有时间，便去学习，学习成了他的一种习惯。他上学时学的建筑，毕业后从事了相关工作。利用业余时间，他考取了建造师证、造价工程师证。后来因为特别喜欢计算机，又利用业余时间勤奋钻研，先后考取了系统分析师、网络规划设计师、OCP（oracle数据官方认证工程师）等高级技师职称和执业资格。

最让我感动的是，他把很多精力都用在了女儿身上。从女儿3个月大开始，他每晚坚持给她读书。周末，他会带女儿出去玩，游乐场、图书馆、科技馆……整个城市都留下了他们的足迹。初中开始，开学前，他会网购女儿下学期所有学科的教材，整整齐齐地放在他睡觉一边的床头柜上。平常，他会认真研究女儿的每一门功课，直到高三，女儿无论问爸爸哪门课程的问题，他都可以解答。为了陪女儿学琴，他还先学会了初级钢琴。每天早上，即使是坐马桶，他也是开着手机练英语听力。女儿上大学了，于是他成了女儿最得力的“助理”，每天都会筛选并翻译英文邮件，然后通知远在香港的女儿。

女儿考上大学时，我给女儿写了一本书——《和女儿一起成长》。现在儿子出生了，我也要和儿子共成长，陪他长大，走向社会。

我是教育工作者，常在学校接触不同的孩子。我发现优秀孩子的背后总有一个有良好家风的家庭，而“问题孩子”总是受到原生家庭的不利影响。显然，家风的好坏影响着子女能否成才，甚至不仅仅是眼前的一代人。这正如苏霍姆林斯基的一句教育名言：“父亲和母亲们，你们在孩子身上延续着自己!”

家风是道德教育、礼貌教育、规矩教育，也是一种规范、一种风气、一种文化。

好家风就是一所好学校，能够教育出优秀的子女。习近平总书记常说，自己就是在一个有着良好家风的革命家庭中长大的。现在，我们不难看出，习近平总书记的工作作风和宗旨深受其良好家风的影响。

都说国很大，其实一个家。我们要深刻认识“家是最小国，国是千万家”的朴素道理。我们也不难发现，“笃学修行，不坠门风”“莫以恶小而为之，莫以善小而不为”……这些我们耳熟能详的家风家训，与当前倡导的社会主义核心价值观有着千丝万缕的关联。

良好家风能在潜移默化中影响人们的价值观，生发并激荡成时代新风尚，凝聚起强大的正能量，而激活这些文化基因的正是我们每个人的责任。正所谓“小家塑造大家，大家塑造国家，国家影响世界”！让我们一起努力，用千家万户醇正的家风，用中华民族的精神去影响世界，让世界更加和谐。

我家有女初长成

周六晚上约了好朋友一起散步，朋友性格很平和，很善良，跟她在一起很舒服，很愉悦，而且相处了十多年。她的女儿非常优秀，所以和朋友散步，常常聊到孩子的教育。

我和朋友肩并肩走着，两个孩子很开心地走在我们前面。我们很是感慨：刚认识时，两个孩子才几个月大，转眼她们已经成了初中生。这时，朋友饶有兴趣地说："有一天，孩子在家问我们，要是上初中早恋了怎么办？孩子的爸爸说，那些早恋的学生，就该打断他们的腿！"朋友说完，我们竟不约而同地笑了。不知道她的老公是跟孩子开了一个玩笑，还是当时就想吓唬一下孩子？

这时，我忽然想起我的爸爸。我的爸爸脾气很暴躁，很威严。记得小时候，邻居家的小姑娘听到我爸爸的名字就害怕。

爸爸很严厉，对我和姐姐要求更严格，但是他一生都是我和姐姐最好的朋友。尤其是长大后，我们的心里话跟爸爸说得更多。爸爸一生在事业上没有什么追求，但是他把全部的希望都放在了我们身上。我和姐姐上初中的时候，学习任务特别重，爸爸一回到家就给我和姐姐做好吃的，或者帮我们洗衣服。

有一次，爸爸正在给我们洗衣服，住在同一个楼上的爸爸的同事看见了，就调侃他。爸爸回应他说："给女儿做好服务，女儿学习成绩好，这就是最丰厚的奖金！”

姐姐毕业时，爸爸对姐姐说：“师范里有没有特别优秀的男孩，你可以找一个男朋友！”爸爸的话，让我很是惊讶。早恋，似乎是每个家长都担心的问题，没想到爸爸却是这样一种态度。

我上师范二年级快放暑假的时候，有一天，爸爸去上班，我去上学，我们爷俩骑着自行车，没想到爸爸冷不丁说了一句：“丁晓，在你们同学中，有没有比较优秀的同学，你可以找一个男朋友啊！”天啊，去年姐姐师范毕业之际爸爸跟她探讨这个问题，已经让我惊讶得眼珠子都要掉出来了。没想到，我才上师范二年级，爸爸把同样一个问题跟我摊开了！一刹那，我真是从内心深处思考，爸爸到底在担心什么。或许他害怕刚刚步人青春期的女儿的感情受到伤害吧！

回到原来的话题。我和朋友散步结束回到家，突然觉得自己的女儿也大了，她是不是有好多青春期的话题需要和我交流。但是怎么说呢，女儿会不会回避这个问题？我心里没有底。于是，我以开玩笑的方式问女儿：“刚才，那位阿姨说她女儿的话，你听见了吗？”女儿就笑了：“不就是打断腿的事？”我没再说什么。女儿接着说：“在同学中确实有早恋传闻，班主任给同学们开会了。老师说过，到了青春期对异性产生好感很正常。”女儿把老师的话叙述得很好，并且说老师说得很有道理。

就恋爱话题，女儿和我做了较长时间的对话。女儿问我，为什么嫁给爸爸？我说，嫁给爸爸是妈妈很正确很理性的选择。爸爸宽容、善良、勤奋、好学，有一堆的优点，是一个很好的人，而且爸爸也很喜欢妈妈。我告诉女儿，被人喜欢是一件幸福的事，但是我们要学会处理这个问题。对于每一个喜欢自己的人，首先我们应该感谢对方，感谢他对你的友好。当然，我们有选择喜欢谁的权利，但是没有权利去伤害和侮辱他们。作为一个女孩，外表固然重要，但是她的学习品质，她的修养，她的内涵更重要。所以，我们要好好学习，做一个真正优秀的让别人敬佩仰慕的女孩！

女儿陷人了深思，显然她对我的话给予了最大程度的肯定！

爱意浓浓过大年

2020年，44岁的我生下儿子后，从不肯离开村子的母亲，主动要求常住城里帮我带儿子，这让我很是意外。要知道小时候即使我到城里上学，一个人住在父亲单位，母亲都不愿离开村子。

放寒假前，按照往年，腊月十八九，母亲就要开始忙年了。我问母亲，过年回老家吗？母亲说，不回去了，就在这里陪我们一起过。我知道母亲一定是不习惯的，可是为了我和儿子，母亲选择了留下。母亲说城里的春节特别没有年味，在交流中，我的思绪慢慢回到了童年，回到了童年的春节，回到了我们那个爱意浓浓的大家庭。

我的父亲兄弟姐妹六个，父亲最大。因为爷爷走得早，长兄如父，所以父亲对二叔、小叔，还有三个姑姑便多了一份责任。印象中不知道叔叔和姑姑挨了父亲的多少次“凶”骂。小的时候不太理解父亲的做法，长大了，我才知道父亲对叔叔和姑姑的暴揍和训斥里包含了多少兄长的爱与责任。

母亲人长得漂亮，又知书达理，所以村里人称母亲“阿庆嫂”。长嫂如母，母亲对叔叔和姑姑非常好。或许是因为他们都怕父亲，所以叔叔、姑姑、姑父和母亲更亲近一些，甚至他们经常要等我父亲上班走后才敢到我家坐坐。

在农村见惯了婆媳间、妯娌间、姑嫂间的矛盾，甚至一大家子互不来往的也不少见。尽管我的父亲对叔叔和姑姑严厉至极，我们的大家庭却是团结和睦，爱意浓浓。

每年的腊月二十一或是二十二，母亲会把房子里所有的东西全搬到院子里，然后用竹叶扎一个大大的扫帚，把屋子里的角角落落打扫得干干净净，我们家春节的序幕就此拉开了。

腊月二十三是小年，小年这天晚上按照习俗要放鞭炮、吃水饺，母亲一定早早地让我和姐姐把奶奶叫到我家一起吃饺子。

腊月二十五或者二十六蒸饽饽（馒头）。比起春节当天穿新衣拜大年的喜悦之外，我最喜欢的莫过于这一天了。每年蒸饽饽，母亲一定是和二娘一起做。她们一起说着家长里短，蒸熟之后欣赏着自己的杰作，比比哪锅好，选出好看的先给奶奶送去。

这时，幼小的我会向母亲或二娘讨一块面团，捏个小鸟或是其他小动物。在我的女儿出生后，不知给女儿买了多少橡皮泥，陪她做了多少手工作业，可是那种乐趣却永远都比不上童年时那一块面团。

我的童年都是睡火炕的，蒸饽饽的这一天，我可以尽情地躺在火炕上玩耍。热热的土炕烙得我全身暖暖的，在寒冷的冬天这种感觉别提多么享受了。

记得有一次，我躺在火炕上不知不觉睡着了。半睡半醒之间我突然摸了一下身下，感觉后背的皮肤紧梆梆的。我惊呼一声：“坏了，烙糊了！”姐姐瞬间爬起来帮我查看，二娘闻声跑了过来，然后她们两人一起咯咯地笑起来。我问怎么了？二娘说我不小心压扁了一个生饽饽，饽饽糊在我后背，就像烙饼一样，已经半熟了。

小学四年级的时候，小叔结婚了，从此春节蒸饽饽的队伍里又多了三娘这位新成员。过年蒸饽饽的场景一直都是我最快乐的记忆，现在想来，其实是喜欢那种其乐融融的家庭气氛。

腊月二十七做豆腐。泡黄豆、磨豆浆、烧豆浆、施卤水、压豆腐，这些工序下来就到中午了。母亲会叫上全家老少到我家吃豆腐。满满一筛子的豆腐，全家老小一顿下来吃掉一半，剩下的豆腐，母亲再分成几份，分别送给奶奶家和叔叔家。那时我不太理解母亲半天的辛苦究竟为了什么。长大后我才知道，在父母眼里，过年，不仅是团聚与分享，还有相爱和责任。

因为父亲要上班，所以忙年通常是母亲的事。除夕这天，父亲单位就放假了，这天便成了父亲最忙碌的一天。清晨，我和姐姐还在睡梦中，父亲便早早地起床，把门上旧的对联撕掉，把院子清扫得干干净净。待我们起床后，父亲便和我们一起贴新对联，然后清洗茶壶茶碗，给皮鞋打油……吃过年夜饭后，母亲忙着包水饺，父亲则带着我和姐姐陪奶奶聊天。

那些年，在千家万户的鞭炮声中，我们终于迎来了万分期待的春节。这一天最开心的莫过于穿新衣，尽管那时家里并不富裕，但是每年的春节母亲一定给我们准备新衣服。父亲在城里上班，品位总显得要高一些，母亲又心灵手巧，所以相比同伴们，我和姐姐的新衣服总是与众不同。这一点，难免让我内心深处有那么一点点优越感和自豪感。初一早上，我们一定是里里外外穿上新衣，就连袜子也一定是新的。现在想想，小时候过年真是仪式感满满。

早上吃完水饺，我和姐姐一起去拜年。父亲会教我们先去奶奶、二叔、小叔家，然后是我们丁家的爷爷、大爷、叔叔家等。拜年顺序有讲究，一定要先老后少，先近后远，要挨个去，一个不能少，拜完丁家再去其他姓氏家。

拜年对于幼小的我们，最开心的当然是收到长辈们给的糖果了。等到所有该“拜”的人家都拜完，我们小伙伴便会成群地凑到一起，比一比谁收的糖果数量多，谁的更好，谁的种类更齐全。比完之后，我们还会各自拿出自己种类多的去换取自己没有的种类，这种交换非常有趣。当然，这种交换是为后来攒糖纸做准备。我们也会交流去谁家给了一块糖，去谁家给了两块糖，去谁家一块糖都没给。回家后，我们还会和父母交流。或许因为了解了孩子们的心声，所以每年父母都会用心准备足量的新年糖果，而这些糖果和邻居家是不一样的。邻居家的糖果大都是在村里买的，我们家的糖果是父亲从城里带回来的。小伙伴们到我家拜年一定是满载而归，这让我在小伙伴面前倍有面子。

正月初二，父亲母亲就开始迎接宾客了。奶奶娘家的侄子，姑奶奶家的外甥都会来看望奶奶。因为父亲是老大，所以父亲母亲认为接待客人便是老大的责任。而母亲兄弟姊妹8个，加上父亲热情好客，所以每年也会有很多的表哥表姐来看望父母。这样一起来的客人很多，这可真是够父母忙活的。

父亲忙着招呼客人，母亲在厨房准备佳肴，在忙碌中父母享受着亲友相聚的美好时光。客人走了，会有大量的剩菜剩饭。晚上，母亲会再添几个新菜新汤，加上中午的剩菜，然后把全家老少都召集到我家再次欢聚。这样的聚会基本上持续到正月初六。平日里父亲母亲是非常节俭的，这几天似乎要倾其所有，让所有的亲朋好友吃得开开心心。

那时的我不太理解，对自己“抠门”的母亲为什么这么“傻”，对大家庭的成员和亲戚朋友甘愿尽其所有。尽管我百思不得其解，父亲母亲却年复一年重复着这样的做法，直到这种与人分享的理念深深地扎根在我的心底。

1998年，父亲走了；2019年，奶奶走了；后来，我结婚生子，常住城里。不知老家的春节，现在是否还如我童年的样子?

母亲第一次离开老家在城里过年，没了往年的忙碌，可是母亲却没有忘记：你大姑要过六十六岁生日了，别忘了给你大姑包个红包；你二叔、小叔喜欢喝酒，记得买上酒去看看他们；你二姑家过得不太好，二姑父又没在家，你要带二姑家小表妹去买件衣服，去陪二姑说说话；你小姑喜欢孩子，记得常和小姑视频让她看看你的宝宝，再发几张照片。母亲这样说的时候，我才发现，尽管岁月匆匆、物是人非，可是我们那个爱意浓浓的大家庭依然牢牢地根植于母亲心中。

我有时想，虽时光荏苒，物是人非，人们为了生计奔走四方，但不能忘了人间真情。

写给天堂的父亲

亲爱的父亲：

离别23年了，万分想念您，您在天堂还好吗?

过去的日子里，总和您梦中相见，睁开眼，却发现，只是个梦。深夜里，泪水一次次打湿了我的枕巾。天亮了，我要积极面对崭新的一天。因为我知道，女儿的幸福和优秀是您一生最大的追求，我永远不会懈怠。

在很多人眼里，您是个非常威严的人，很多人都怕您，包括二叔、小叔还有三个姑姑。小时候，很多小伙伴是不敢到我们家玩的，主要原因就是他们害怕您。

我们家常年整齐干净，敢到我们家玩的同学都会感到特别的拘束，因为军人出身的您要求家里整整齐齐、干干净净。小的时候，我们要很早到学校跑步、早读，但不管多早，您总是要求我们起床第一件事就是把被子叠好，床铺整理干净。

那时，邻居院子里会养各种家禽，摆放各种农具等，而我们家的院子却栽种着各式各样的花卉。花的种类很多，常年四季开花，有月季、杜鹃，海棠……

记得我上小学《自然课》的时候，老师让学生展示植物的叶子，班里的同学展示的都是榆树、槐树、杨树的叶子，而我展示的是各种花的叶子，因为我们家就是一个美丽的大花园。

我们花园最东面栽了一些小的雪松之类的植物，四季常青。您当时说因为母亲的小名叫松松，所以必须要有这种植物。那时我在心里偷笑，威严的爸爸对爱情可毫不含糊。

放学后，村里的小朋友们都相约出去到田野挖野菜、拾草，或者玩沙袋等，您却要求我和姐姐把更多的时间用在学习上，除了要完成老师布置的作业，还要做一些复习，预习新的功课，阅读大量课外读物。那时的我常常羡慕小伙伴们可以去挖野菜、拾草、玩游戏，您却对我们说“少小须勤学，文章可立身”。姐姐为此常说，她没有童年。我却不这么认为，我始终认为，爸爸给了我一个与众不同的童年。

那个时候，您每个月还会给我们订阅很多的刊物，这些刊物的名字我至今记忆犹新，包括《小学生作文》《小学生优秀作文》《少年文艺》《儿童文学》《少年智力开发报》《百科全报》等。

现在我成了孩子的妈妈，还是一名教育工作者，工作之余阅读了大量的教育书籍，掌握了很多教育理论，这才发现您的教育理念让我终生受用。父亲，您是我最好的老师。

我知道，在您威严的外表之下，您有一颗柔软的心。人家父母都盼着孩子快点长大，您却天天说就怕我们长大。您说，我们长大了就不能天天在您的身边了。

人家女孩的衣服一般都是母亲买的，而我和姐姐的衣服更多的是您挑选的。那个年代，孩子上学都是背着母亲用布缝制的书包，铅笔盒摆放着几支铅笔和一块橡皮，而我们上学的学习用具总是很特别。

我清晰地记得有一天中午，您特意从单位跑回家，给我准备了一个红格子的书包，里面是胶皮的文具盒、香甜气味的橡皮。那时的家境并不富裕，可是对您来讲，孩子上学就是最大的事，您说您希望我开心快乐地用心学习。上学时您会常常找老师了解我们的情况，也会热情邀请老师去家访。记得我在师范上学时，我和姐姐住校，您的单位离我们学校很近，吃完中午饭，您就会去学校看望我们，所以我的同学几乎都认识您。

下雪了，您会陪我和姐姐在院子里堆雪人；村里放电影时，您会买好零食带我和姐姐去看。困了，您可以抱着我睡觉。那时候特别享受您的怀抱。记得有一次看完电影，您以为我睡着了，便抱我回家，姐姐在旁边不乐意了，说：“快把妹妹放下，她根本没睡，我刚才看见了，她睁着眼。”我心里偷偷地乐。过元宵节时，心灵手巧的您会亲自给我扎灯笼，最让我骄傲的是我的灯笼在小伙伴中永远都是最漂亮的。

我们家里的条件并不是特别好，毕竟您一个人上班，养活全家四口人。为了贴补家用，我上小学四年级的时候，您在镇上又找了一份兼职，下班后会骑着摩托车去那边酒厂安装设备，直到深夜才回来。

从小学五年级起，我便到城里上学了，我有更多的时间和您在一起。有一次，我的眼睛长了什么东西，发热了。我闭着眼躺在床上，其实并没有睡着。您拿着温热的毛巾不厌其烦地一遍又一遍地帮我擦拭额头，擦拭完了就静静地坐在我的旁边。后来我知道，我生病时，您伤感得都哭了。

您威严却心思细腻，在我心中您是一位与众不同的父亲。记得上师范二年级的时候，我暗恋了一个男孩，既没勇气向对方表白，又没法跟同学诉说，心里真的苦闷得很。没想到，有一天您突然问我：“同学中有没有优秀的男孩？你可以找个男朋友。”我瞪大了眼睛，觉得不可思议。因为家长是不会接受“早恋”的。后来，我敞开心扉告诉您，我喜欢一个男孩。没想到您接下来的话让我更是惊讶：“有时间，我去学校帮你看看怎么样？”后来您真的去看了。当然，由于种种原因，这个暗恋故事无果而终，但是我却非常感谢您的这份开明。所以您未曾谋面的外甥女到了青春期，我借用了您的方法，向她讲了当年我的故事，让她顺利度过了她的青春期。我告诉女儿，很感谢她的姥爷开明和善解人意，很感谢那个男孩给了我学习的动力，成就了师范时期相对优秀的我。

1996年9月，您生病了。从您生病到您离去，我不知道伤心地哭了多少次。

1997年暑假，在整理姐姐的行李时，我发现了您给姐姐的一封信。说的是两年前姐姐因没被推荐上大学在家闹情绪，您百般安慰她，可是情急之下又打了她。之后您很难受，无法原谅自己，您绕着村子转了很多圈，直到邻居三婶劝您回家。信足足有8页纸，您说您是哭着写的，可我是哭着看的。

您生病前我遇到了我的对象，一开始您是不同意的。可能在每个父母眼中，自己的孩子都是最优秀的，再好的男孩也配不上自己的女儿。

后来，您很认真地和我进行了我生命中最严肃的一次谈话。您说，您一生中最大的追求是孩子的成功和幸福。您说您希望我幸福，如果将来不幸福，希望不要怨爸爸；如果幸福，爸爸祝福你。那次我哭了，我答应过你我会幸福的。

24年之后，我可以告慰您，您的女婿呵护着我，照顾着我，让您的女儿成了最幸福的人。九泉之下，您真的可以安息了。

尽管您严厉，从小到大却没少您对我和姐姐的表扬和鼓励，在朋友间、同事间，您总夸我们学习好，很懂事。母亲为此常嫌弃您，说您吹牛。可是您知道吗？您的这种"吹牛"极大地刺激并鼓励了我。从一名教师成长为一名教育管理者，我发现激励对一个人的成长是何其重要。所以，一次次和同样从事教育工作者的姐姐回忆反思，我们是如此幸运，拥有一位如此重视教育并且懂教育的父亲。

1998年5月，您走了。临终前，若干次拉着您的手我想说："父亲，您不能走，您的期望和鼓励是我奋斗的力量。没了您的期望和鼓励，我会失去前进的方向和动力！"可是，话终究没有说出口，怕您担心，怕您遗憾。

父亲，我曾经迷茫，曾经犯错，但是我始终不忘的是勤奋学习，努力工作，因为这是您对我的要求！

父亲，我爱您！

爱您的二丫头　丁晓

2021年12月6日晚

我的老师闪闪发光

在小学工作26年的我，暑假后到了两城中学担任校长职务。领导和我第一次谈话时，我还在产假中，这个任命很意外，但非常果断地答应了，因为我愿意接受这份挑战，并且有信心把这份工作做好。之所以有信心，很大程度源于自己中学的那段经历，还有中学老师给我的刻骨铭心的影响。我觉得我可以用这份影响去影响同事们，进而影响更多的学生。

1989年秋季开学，我成为日照市实验中学的一名学生，那时实验中学是全市最好的初中。

我初一的班主任是赵老师。记忆中，那时赵老师好像已经退休，因为缺老师被临时返聘了回去。他没有因退休的身份放松对工作的要求，他是同学及家长眼中最慈祥、最勤奋、最负责、最有爱心的一位班主任。那时中午有同学不回家吃饭，因为没食堂，大家都会在教室吃自己带的饭。于是，每天中午，赵老师提着暖瓶过来给我们送水。赵老师的数学课大多是上午，下午他会骑着自行车跑很远的路去学生家家访。期末考试完，赵老师不仅会给我们成绩优秀的同学发奖品，还会带我们去照相馆合影。30年过去，我们的那张照片一直被我小心地保存着，并成为我学习的动力。

让我记忆深刻的人还有卜老师。卜老师是我中学时期的政治老师。

记得中学第一次考试是考政治，我的成绩竟然是年级第一名。300名同学唯有我在最后一道论述题中答到了点子上，这道题直到现在我都记得，是“论述从猿到人类的演变”。卜老师在年级四个班把我表扬了一番。结果四个班的同学都好奇地到我们班询问谁是丁晓。那种被关注、被崇拜的感觉好极了，也成为我继续努力的动力。

要说最喜欢的课，莫过于石老师的生物课。石老师是那种让人见了就肃然起敬的人。每次看见他，我都会默念，要做个好人，像他一样的好人。你可能会在脑海中刻画一个古板的形象，其实石老师的课非常幽默。石老师本身瘦瘦的，可在讲到肱二头肌时，他很是认真地举起自己的胳膊用力地向我们展示。我们笑了，却又不敢放肆地笑，因为石老师很让人尊敬，我们要用矜持和守纪表达对他的敬意。石老师上课从来不会一股脑儿都讲完，讲完一小节，他定会留一段时间让我们讨论消化，这点太重要了。在上初三之前，我从没向往过教师这个职业，可是每次上石老师的课时，我就会想，如果我做了老师会怎样讲？答案肯定是向石老师看齐。

初中毕业后，虽然受一些客观因素的影响，但我真的报考了师范学校，1995年踏上了工作岗位，1997年走上讲台。赵老师的慈祥、耐心，卜老师的表扬、鼓励，石老师的正直和他的教学艺术……一直深深地影响着我。从一名普通老师到一名教育管理者，我时刻提醒自己，是这些老师成就了我，我也要用同样的方法影响更多的孩子和老师。

附：校园传真，师生对话

广开言路，为建言者点赞

事事有着落，件件有结果。8月26日上午，两城中学召开“我为学校发展建言献策”交流大会，总结表彰为学校提出“金点子”的教职工。

学校党支部书记、校长丁晓按照每位教师对学校发展提出的意见和建议，进行逐一点评，特别是针对教职工反映的学生管理、食堂就餐等问题，做到件件落实，并对22名提出建议的老师进行表彰。同时利用“击鼓传花”的游戏，让部分教师面对全体教职工说出自己的“金点子”，以表达自己对学校发展的愿景。

服务心贴心，办事实打实。全体教职工正以饱满的热情，务实的态度，全力做好开学准备工作。

（2021年8月26日）

一个不放弃，一个不撒手

思想上的引导，学习上的辅导；

心理上的疏导，生活上的指导。

8月27日上午，两城中学举行“多元一体”育人动员大会，学习《两城中学“多元一体”全员育人导师制实施方案》。

会上，分管德育工作的副校长详细解读了“多元一体”育人模式的管理机制、具体措施、考核评价等，强调“多元一体”是以“管理育人、教书育人、服务育人、环境育人”为主要方式的全员育人、全程育人、全面育人、全方位育人的管理方式。其中，突出学生导师制管理，即所有任课教师，都要做学生成长的导师，对学生的日常行为和全面发展负责，并加强过程督导，实行质量问责，构筑起学生全面发展的育人环境。

时光不语，静待花开。两城中学将立足于农村学校的实际，积极探索构建全员育人工作格局，发挥学校、家庭、社会各自优势，凝聚起强大育人合力，促进学生全面健康成长。

（2021年8月27日）

拉近一点心距，成就一分健康

聚焦心理健康，助力学生成长。为切实加强中学生身心健康教育，帮助学生尽快适应开学之后的学校环境和学习生活，近日，两城中学组织开展了内容丰富、形式多样的心理健康教育活动，全面提高学生的心理健康水平。

学校按照教育部和省、市、区相关文件要求，以“关注校园安全·健康快乐成长”为活动主题，认真组织开展“秋季安全第一课”专题教育活动。在抓好常规安全教育的基础上，学校针对开学期间学生容易出现的普遍性心理困扰，进行专项辅导。活动中，学校专职、兼职心理健康教师配合班主任，根据不同年龄阶段学生的特点，全面开展了一次心理健康筛查活动。各班开展了“‘双减’政策解读”“化解家庭矛盾”“科学安排生活”“接纳负面情绪”等专项教育主题讲座。同时，利用学校青春大讲堂完备的设备，细化心理疏导和咨询，积极开展心理训练、模拟体验、角色扮演、趣味活动等方面的教育活动。各班主任精准做好家庭困难学生、残疾学生、学习困难学生、外来务工人员随迁子女等排查工作，了解学生心理状况，掌握家长课后服务要求，最大限度地满足家长的需要。其间，学校聘请日照市心理学会会长丁庆新教授为全体教师做了一场题为“逆风飞翔，我们同在——师生情绪管理”专题讲座，引导教师形成健康心态，提升教师情绪管理能力。

全体师生纷纷表示，学校开展的心理健康教育活动，帮助师生缓解了焦虑、烦躁等负面情绪，调整了师生的心理状态，可让全体师生快乐、充实、自信地面对每一天。

（2021年9月3日）

耿耿一颗园丁心，浓浓一份惜别情

三寸粉笔，三尺讲台系国运；

一颗丹心，一生秉烛铸师魂。

9月9日下午，两城中学举行退休教师欢送会，为坚守农村教育40年光荣退休的郑成顺老师送上美好的祝福。

欢送会上，学校党支部书记、校长丁晓同志对郑成顺老师奉献青春年华、辛勤耕耘的工作历程，给予了充分肯定和衷心感谢，并希望郑老师一如既往地关注和支持学校的发展，为教育事业发展奉献自己的余热。

郑成顺老师动情地回望了自己几十年的教学生涯，表达了对从事教育的真切感受。全体教师送出了对这位良师益友的真情祝福。学校舞蹈队为全体教师表演了音乐剧《为你，都是最美时光》，营造了浓浓的教师节氛围。

耿耿园丁心，浓浓惜别情。退休教师欢送会体现了学校人性化的管理，凝聚了团队力量，升华了教育情愫。

其间，学校党支部书记、校长丁晓同志带领班子成员，走访了曾经为两城教育事业倾注热情与心血的老干部，认真听取了他们对学校发展的建议和意见，共同分享了学校发展的新成果。

（2021年9月10日）

庆祝教师节，乡村采摘乐

走进田园风光，尽享采摘乐趣。9月10日，两城中学全体教职工分组分批走进高兴镇猕猴桃采摘园举行采摘活动，庆祝第37个教师节。

采摘现场，老师们高兴地拿起工具，走进芬芳四溢的果园，采摘自己喜欢的猕猴桃，并开启了自拍模式。他们沐浴着秋日的暖阳，分享着采摘的乐趣。

手中是沉甸甸的猕猴桃，脸上是热情洋溢的微笑。这个教师节，全体教职工收获了满满的职业幸福感和归属感。

赓续百年初心，担当育人使命。两城中学全体教职工将以昂扬向上、勇争一流的精神状态和众志成城、埋头苦干的工作作风，心怀感恩，一路前行！

（2021年9月10日）

在希望的田野，我们分享丰收的喜悦

致敬劳动美，礼赞丰收节；

北国壮美，梨酥枣脆柿子黄；

南国秀丽，橘红蕉长稻米香。

9月23日，两城中学组织学生走进秋日的田野，举行“知农耕·享秋情”秋分劳动实践活动，意在赏秋日美景，话五谷丰登。

班会上，各班主任向同学们诠释了“秋分”节气的历史渊源、天文历法、气象变化、物候现象、农事活动等知识要点；讲解了“丰收节”从营造全社会重农崇农、尊农爱农的浓厚氛围，发展为推动农业高质量发展、农村现代化治理、农民高素质提升的加速器。

旷野里，同学们兴高采烈地拿起劳动工具，走进玉米地和花生地，开始了繁忙而紧张的劳动。剥玉米的，欢畅淋漓；拔花生的，热火朝天。他们面朝黄土，背朝天，体验着劳动的辛苦，享受着收获的喜悦。

一双手，在春天里播撒；两只脚，在秋季里收获。两城中学全体师生以辛勤的劳动，庆祝丰年，喝彩丰收，歌唱劳动，礼赞奋斗。

（2021年9月23日）

研讨衔接小升初，联袂对话新课堂

两校交流促提升，合作研讨共发展。

为全面促进英语教学，做好中小学英语教学的衔接，10月14日，两城中学和驻龙山小学英语教师进行了首次中小学英语课堂教学研讨。

上午，两城中学英语教研组一行8人，来到驻龙山小学，观摩了孟老师的一节六年级的英语课。在课堂上，孟老师沉稳的教态，扎实的基本功，丰富的课堂活动，实时的课堂评价，给全体英语老师留下了深刻的印象。

下午，两校英语教师在两城中学观摩了田老师的一堂七年级的英语课。课堂上，田老师充分运用现代教育技术手段，将信息技术2.0与课堂教学高度融合，激发了学生的学习兴趣，有效促进了课程目标的达成。

课后，两校英语教师针对两位教师的英语课，进行了广泛研讨。老师们踊跃发言，各抒己见，充分表达了自己的意见和建议。

特别是驻龙山小学的三位英语老师，还为两城中学的英语老师分享了她们在英语教学课堂教学中的一些具体的做法，以及在学生的作业、阅读、听力及课后辅导方面所采取的一些有效措施。

党支部书记、校长丁晓做了总结发言。她强调，我们英语老师要互相借鉴各自学段英语教学的特点和方法，课堂上要时时关注学生，注重对学生的课堂评价，抓好学生的单词记忆、课文背诵和对所学知识的复习与巩固，全面提高英语教学质量。

这次教研活动，不但加深了两校英语老师之间的交流与合作，而且为今后的中小学英语衔接教学打下了坚实的基础。

（2021年10月15日）

有情怀，有担当，不负时光少年郎

为什么我的眼里常含泪水?

因为我对这土地爱得深沉……

10月19日下午，两城中学报告厅掌声雷鸣，激情澎湃，一场以“做一名有家国情怀的少年”为主题的励志教育报告会正在举行。

报告会主讲人是驻日照某空军部队干部蒋教导员。报告中，蒋教导员从自己的生活履历进入话题，围绕“什么是家国情怀”“为什么要培养家国情怀”“怎样做一个有家国情怀的少年”等问题展开论述，运用多媒体技术手段，展示古今人物典型事迹，指出家国情怀是一种文化基因，是一种时代责任，是一种青春记忆。同时强调一个人必须有信仰，有担当，才能无愧于时光，无愧于时代。

蒋教导员希望全体同学要做到“六点六会”，即以对自己负责为起点，学会修身；以对家庭负责为基本点，学会孝敬；以对学习负责为支撑点，学会求知；以对他人负责为出发点，学会合作；以对集体负责为凝聚点，学会关心；以对社会负责为制高点，学会报答。

少年智则国智，

少年富则国富；

少年强则国强，

少年独立则国独立；

少年自由则国自由；

少年进步则国进步。

许下坚强有力的誓言，作出掷地有声的承诺。

让我们触摸自己家国情怀的有力心跳，倾听祖国奋力前行的铿锵足音，不负韶华，不辱使命。

（2021年10月19日）

模块教学，让体育课堂精彩纷呈

为全面推进以年级为单位开设“选修+必修”体育课程，让体育课程“多起来”、学生“动起来”、教师“转起来”，近日，两城中学举行体育教学观摩活动，全面展示“体育模块”教学成果。

学校体育模块教学是以“一节体育常规课+两节单元模块课”（“1+2”）为载体，实施“班级授课+走班选课”教学模式。学校根据客观实际，在常规体育教学的基础上，设置了足球、篮球、排球、武术、跳绳、街舞以及体能游戏等七大团体，学生根据各自的能力和兴趣选择喜欢的运动模块，参与到体育课堂活动中。

体育课上，各模块教学有固定的活动区域，各团队活动有固定的辅导教师。师生整齐有序地来到活动场地，开展丰富多彩的体育活动。足球队龙腾虎跃，篮球队激烈争夺，排球队发球扣杀，武术队气宇轩昂，街舞队独具魅力……运动场上，激情澎湃，精彩纷呈。

我参与，我锻炼，我健康，我快乐。模块体育教学，激发了学生的运动兴趣，点燃了学生的运动激情，增强了学生的运动体能，形成了班班有特色、人人有特长的良好局面。

（2021年11月5日）

开展调研“大走访”，推动服务“大提升”

坚守一份教育情怀，践行一份庄严承诺。

连日来，两城中学班子成员在党支部书记、校长丁晓同志的带领下，走街串户，深入基层，开始了新一轮的走访活动。他们一路真情，一路倾听，认真征集各位家长意见，虚心听取社会各界建议，群策群力，凝聚共识，破解学校教育发展的难题。

两城中学始建于1964年7月，承担着两城街道56个自然村和驻地各企事业单位的学生接受初中义务教育的重任。近几年，随着城镇化进程的推进，学校不可避免地受到各种冲击。学校新一届领导班子立足农村初中学校实际，以“双减”为契机，深入实际，调查研究，面对学校管理的“难点”“痛点”和影响教育发展的“短板”“瓶颈”，求真务实，勇于创新，取得了良好的成效。

在走访活动中，班子成员深入村委，走进家庭，特别是在与56个自然村支部书记的交流中，具体了解了农村家庭教育的现状，详细掌握了村民对学校教育的各种需求。在走访“学困生”和“贫困生”家庭过程中，班子成员耐心细致地听取了家长对班级管理的意见，虚心征求家长对学校工作的建议，做到调研环节，深入一步，具体措施，精细一步。

党支部书记、校长丁晓说：“几天来的连续走访，让我们深切地感受到每一位村书记自己独特的管理经验和服务百姓的情怀与决心，受益匪浅。作为一名教育工作者，我们要从为党育人、为国育才的教育目标出发，坚持‘一个不放弃，一个不撒手’教育理念，坚守教育的初心，赢得家长的放心，以服务的热心提振学校发展的信心。”

面对面交流，零距离沟通。一个个精彩的瞬间，一张张热情的笑脸，一声声殷切的期望，一句句真情的祝福，激励着全体班子成员以百倍的努力和真情的服务，让老百姓在家门口享受最优质的教育。

百年交汇，千年梦圆。两城中学全体教职工将坚守教育报国初心，牢记立德树人使命，凝聚“向心力”，画好“同心圆”，以梦想为岸，以实干作桨，以精神扬帆，乘着浩荡的时代东风，乘势而上，奋力前行。

（2021年11月16日）

高光时刻，嘉宾云集，第一届“园丁奖”“春晓奖”颁奖

生活总会垂青，那是因为你奋进；

荣誉总会降临，那是因为你执着。

寒风悄然至，落叶满地金。11月22日上午，两城中学中心广场乐声悠扬，嘉宾云集，2021年第一届“春晓奖”“园丁奖”颁奖仪式正在举行。

“园丁奖”“春晓奖”是两城爱心人士发起的学校教育奖项。“园丁

奖”每学年度奖励教书育人模范教师20人，“春晓奖”每学年度奖励品学兼优或者德、智、体、美、劳方面有特长的学生30人。

本次评选活动，学校坚持客观公正的原则，通过民主评议和综合考核的方式，从德、能、勤、绩等多方面评价教师，从德、智、体、美、劳等多方面评价学生，并对获奖候选人进行张榜公示，最终确定人选。

此次表彰，我校共有3名教师获得“园丁奖”，6名同学获得“春晓奖”，30名同学获得“闪耀之星”奖。

在轻快悠扬的乐曲声中，学校班子成员、两城派出所民警和来自各村的支部书记以及家长代表等为获奖者颁奖。

获奖师生表态在新的起点上再接再厉，努力进取，以回报学校和社会的殷切期望；获奖学生家长笑逐颜开，纷纷表达了对爱心人士热心教育的感谢。

他们是砥砺奋进的耕耘者，他们是奋力拼搏的演绎者；

他们在耕耘自己的天地，他们在演绎出彩的人生；

他们在付出，他们在收获。

（2021年11月23日）

践行诺言，我和手机说再见

让手机远离校园，让自律成为习惯。

11月29日上午，两城中学中心广场国旗下，誓言铿锵有力，承诺掷地有声，一场“我和手机说再见”的启动仪式正在举行。

启动仪式上，学校领导以“与手机告别，与书本同行”为主题作动员讲话，在通报前期调查学生拥有手机数量的基础上，带领师生重新学习了《教育部办公厅关于加强中小学生手机管理工作的通知》和《两城中学学生手机管理规定》，强调了加强学生手机管理的重要意义。学生代表作表态发言，并发出倡议，要求全体同学远离手机诱惑，珍惜学习时间，培养良好的行为习惯、健康的心理素质和积极向上的文化情趣，全面提高学生抵御不良信息侵蚀的能力。“自尊自律，远离手机，珍惜青春，发奋学习……”全体同学举起右手庄严宣誓。随后，同学们在宣传横幅上庄重地签上自己的名字。

拒绝手机诱惑，静心快乐学习。此次活动的开展，有效强化了学风建设，净化了校园环境，营造了良好的学习氛围，促进了学生的身心健康发展。

（2021年11月29日）

精读一本好书，点亮一盏心灯

在阅读中反思，

在阅读中提升，

读出自己的一片天地，

读出自己的一份心情。

12月6日上午，两城中学在中心广场举行“好书共享，传递书香”教师读书启动仪式和校长赠书活动，以提高教师综合素养，营造校园读书氛围。

活动中，学校领导发出积极读书倡议，将精心挑选的苏霍姆林斯基写的《给教师的一百条建议》赠送到每一位教师手中。同时，强调在深化前期学校举行“与手机告别，与书本同行”活动的基础上，要求全体教师远离手机诱惑，珍惜学习时间，全面提高抵御不良信息侵蚀的能力，以积极健康的心态投入读书学习活动中。

阅读，提升人生品味；

阅读，丰富精神世界；

阅读，把握教育脉搏。

两城中学全体师生将全力推进书香校园建设，引领教师专业阅读，积极倡导师生共读和亲子共读，让阅读成为一种良好习惯，让阅读成为一种生活方式。

（2021年12月6日）

持续开展“赛课”，助力推进“双减”

近日，两城中学开展“周五有约——大教研+大研讨”赛课活动，以常态化课堂展示和教学研讨，助推高效课堂建设。

活动过程中，各教研组积极参与本学科及跨学科听评课活动。课上，授课教师紧紧围绕建立“微共体”合作互助的教学要求，在精心研究教法的基础上，着力学生学法的指导，并运用现代化信息教学手段精心设计教学活动，实现课堂高效。课后，不同学科教师围绕课堂教学模式和讲授内容，进行了积极讨论与研究，各抒己见，最后达成共识，呈现出空前的学习热潮和浓厚的教研氛围。

全体教师一致认为，学校作为“双减”政策落地的主阵地，只有改革课堂教学，实现课堂高效，才能有效推进“双减”工作落实，从而做到“减负”不减“效”，“减量”不减“质”。

（2021年12月12日）

骨干引领，同伴互助，推进专业提升

构建教师成长共同体，推进教学效能最大化。

12月23日，两城中学举行“骨干引领，同伴互助”仪式，以提升教师整体素质，助推教师专业成长。

启动仪式上，学校数学教研组、英语教研组、物理教研组等骨干教师进行广泛研讨，决定将以集体备课、主题研讨、课题研究、听评课等形式，与教研组成员结为教师成长共同体，实现问题交流、技能切磋、经验分享，使团队的每一位成员齐心协力，同心同德，肩负共同的使命感、归属感和认同感，促进学科教研组教师素质的整体提升。

学校党支部书记、校长丁晓在谈到自己的专业成长经历时强调：“学校要进一步加强常规教研和课题研究，将教育科研常态化，把日常的教育教学工作与教科研结合起来，组成学科研究团队，聚焦课堂教学，设定研究专题，开展教学训练。教师彼此间既是合作者又是学习共同体，每个教师都要参与学科教学研究团队的主题研究，发挥团队互助精神，构建务实有效的研究型团队。

互助，让研究催生成果；互助，让教师共同发展。两城中学全体教职工将立足“双减”政策落实，进一步提高教师专业素养，用集体的智慧和辛勤的汗水，把学校教育教学工作推上一个新台阶！

（2021年12月24日）

面对面，互学互补，手牵手，互通互鉴

校际联谊交流，促进共同发展。

1月7日，两城中学班子成员分别走进莒县阎庄街道中心初中和五莲育才小学进行参观学习。

在阎庄街道中心初中，在街道党委书记的陪同下，两所学校的领导就绩效考核、课堂教学、食堂管理、学校建设等问题进行了广泛交流与沟通。

在五莲育才小学，两处学校的音、体、美等学科教师就特色立校、学科教学和学生综合素质评价等问题进行了广泛研讨，并协助该校教师对学生的音、体、美技能进行检测。

新学期以来，两城中学新一届领导班子立足学校实际，以立德树人为目标，以教育创新为重点，全面深化全员育人和警校共建工作，推动学校内涵式发展，提升学校综合管理水平。在全面推进“双减”政策落实的背景下，坚持“五育并举”的原则，创新学生从“唯一”到“多维”的综合素质评价模式，全面构建德、智、体、美、劳等全面发展的教学评价体系，评价内容具体包括思想品德、学业水平、身心健康、艺术素养、劳动教育及社会实践等，让每一个学生都能感受到学习的成就感和获得感。

共同提高，共谋发展 。两校联谊交流活动必将有效推进学校治理水平的提升和学生综合素质的发展，实现合作共赢。

（2022年1月7日）

赠书籍，话家常，班子成员大走访

迎新年，心相连，千家万户笑开颜；

兴致高，情无限，辞旧迎新爱相牵。

连日来，两城中学班子成员在党支部书记、校长丁晓的带领下，一路奔波，一路问候，走进教职工家庭，送上新年的美好祝福。

每到一家，班子成员把精心挑选的冯卫东撰写的《优化课堂的18条建议——为“真学”而教》教育专著赠送到每一位教师手中，激励教师充分利用寒假，珍惜学习时间，远离手机诱惑，以积极健康的心态投人读书学习活动中。

话家常，谈未来。班子成员仔细询问了教职工家庭生活状况，了解他们在生活和工作中存在的困难，虚心听取他们对学校发展所提出的意见和建议。

谈谈心，充充电，鼓鼓劲。两城中学班子成员春节大走访，凝聚了团队力量，升华了教育情愫。

（2022年1月26日）

牵挂，永存心底；祝福，如约而至

一声声开心的问候，一句句真挚的祝福。

1月27日，山海天教体局领导和两城中学班子成员组织慰问组开展春节走访活动，分组走访了学校全体离退休教师，送上一份新年的真情祝福。

每到一处，慰问组成员关切地询问退休教师的身体健康状况和家庭生活情况，共同分享学校发展带来的喜悦，并叮嘱他们要严格遵守疫情防控管理措施，做好个人和家庭防护，确保度过一个平安、健康、幸福的春节。

畅谈之间，慰问组成员认真听取了老教师对学校发展的建议和意见，衷心希望老教师积极发挥余热，建言献策，助力学校发展。

寒冷，阻挡不了我们对您的挂念。

时光，消磨不了我们对您的深情。

全体老教师对学校的关怀表示衷心的感谢，并为学校新一届领导班子所取得的成绩感到由衷的欣慰。他们纷纷表示，愿意发挥余热，为学校的持续发展贡献一份力量。

（2021年1月27日）

忙年，忙年，不忘那份挂念

心系学生，情暖家长。

连日来，两城中学以“送爱心，手牵手；进家庭，心连心”为主题的寒假大走访活动拉开帷幕！

此次寒假大走访，学校对家访活动流程、人员分工、安全防疫等工作进行了精心部署。特别要求教师针对“双减”形势下，如何让学生利用假期进行科学有效的学习和开展丰富多彩的假期实践活动进行全面的检查指导，旨在通过教师、家长、学生的共同交流，及时了解学生的家庭表现，虚心征集家长的意见与建议。

谈谈心，鼓鼓劲。家访活动中，班主任和科任教师深入学生家庭，走进学生心灵，与学生及家长就“双减”背景下如何做到“提质增效”等问题，进行了面对面的沟通与交流，提醒家长不仅要关心孩子的学习生活，更要培养孩子的学习习惯和自律意识，关注孩子的情绪情感和卫生习惯等，加强体育锻炼；并叮嘱他们要严格遵守疫情防控管理措施，做好个人和家庭防护，确保度过一个平安、健康、幸福的春节。

外面冷风刺骨，室内温暖如春。一张张幸福的笑脸，一阵阵欢快的笑声，激励着全体教师以百倍的努力和真情的服务，让老百姓在家门口享受最优质的教育。

（2022年1月28日）

寒假作业年味浓，传统文化共传承

红红火火迎新春，快快乐乐向未来。多彩寒假，快乐体验。两城中学全体同学正分享着学校制定的“寒假节日作业大餐”。

徜徉繁华里，品味慢生活。在喜气洋洋的节日氛围中，同学们留下了一帧帧精美的画面：红红火火赶大集，感受浓厚的年味；干干净净大扫除，体验劳动的愉悦；开开心心贴春联，寄托美好的祝福。

看春晚，包饺子，大拜年，送祝福；

说冬奥，话女足，谈文明，树新风。

一件件开心的事萦绕心头，一次次快乐的体验伴随成长。

最不能忘记的还是那一本本经典名著，让同学们感受着传统文化和文学艺术的永恒魅力。

筑梦新时代，同心向未来；

寒假乐趣多，文明年味浓。

精彩纷呈的假日活动，丰富多彩的实践生活，培养了学生的创新精神和实践能力，激励着学生的家国情怀和民族精神。

（2022年2月9日）

高光时刻，闪亮登场，第二届“园丁奖”“春晓奖”颁奖

目标就是动力，奋斗充满快乐；

拓荒需要坚韧，耕耘就有收获。

春意盎然，花木新绿。2月28日上午，两城中学中心广场乐声悠扬，掌声雷动。2022年第二届“春晓奖”“园丁奖”颁奖仪式正在举行。

“园丁奖”“春晓奖”是两城爱心人士发起的学校教育奖项，旨在表彰教书育人的模范教师和德、智、体、美、劳表现突出的优秀学生。此次表彰，我校共有13名教师获得“园丁奖”，5名同学获得“春晓奖”，30名同学获得“闪耀之星”奖。

本次评选活动，学校坚持客观公正的原则，通过民主评议和综合考核的方式，从德、能、勤、绩等多方面评价教师；从德、智、体、美、劳等多方面评价学生，并对获奖候选人进行张榜公示，最终确定人选。

在轻快悠扬的乐曲声中，学校班子成员为获奖者颁奖。全体获奖师生享受了成功的喜悦，表达了感恩之心。

（2022年2月28日）

坚守一份承诺，履行一份担当

有一种责任，叫尽职担当；

有一种精神，叫坚守奉献。

在校园防疫一线，两城中学全体党员干部面对复杂严峻的疫情防控形势，坚持守土有责，守土尽责，用情怀书写担当，用奉献践行使命，成为校园安全的“逆行者”“守护者”，织密了疫情“防控网”，筑牢了健康“保护墙”。

“当前新一轮疫情呈现点多、面广、频发的特点，我们不能有任何麻痹思想、侥幸心理、倦怠情绪，只要大家心往一处想、劲往一处使，我们就能赢得这场疫情防控阻击战！”两城中学党支部书记、校长丁晓同志用简短的话语，激励着班子成员，带领全体师生勠力同心，共战疫情，守护校园平安。

承诺既出，就是担当。学校党支部成员带领党员干部坚守抗疫一线，守护校园平安。早上执勤、晚间值班、体温检查、消毒通风、疫苗接种、核酸检测、信息报送……他们整日忙碌，定格为校园最动人的画面，凝聚成师生最坚强的依靠。

一面旗帜，一个堡垒。两城中学全体党员干部用信念、责任、担当，演绎着一段段动人的故事，一个个感人的瞬间，凝聚起众志成城、同舟共济的强大力量。

面对疫情防控，作为“班长”的丁晓坚定地回答：“我们要充分发挥基层党组织的战斗堡垒作用和党员干部的先锋模范作用，发扬‘严真细实快’的工作作风，以对党和人民高度负责的态度，全力以赴守好疫情防控校园主阵地！”

党旗在一线，党徽在闪耀。他们用信念、责任、坚守、担当，树立起战胜疫情的坚定信心，凝聚起同心抗疫的磅礴力量！

（2022年4月6日）

殷殷报国情，熠熠强国志

砥砺奋进守初心，青春献礼二十大。

4月29日，两城中学红绿相间的运动场上，乐声悠扬，誓言铮铮，学校团委组织的庆祝建团100周年和纪念五四运动103周年主题团日活动正在举行。

整个活动包括三个部分：传承——离队仪式，启航——入团仪式，乘风破浪——十四岁集体生日。

1.告别童年

五指并拢，高举头顶，

我们将告别天真烂漫的儿童时代，告别一路成长的少先队；

我们将迈进朝气蓬勃的青年时代，迈进任重道远的共青团。

致敬我们纯真美好的童年，

致敬我们胸前的红领巾，

致敬陪伴我们成长的师长。

有一段誓言，伴随八年；

有一句呼号，响彻八年；

有一个敬礼，致敬八年。

2.起航青春

让团歌更嘹亮，让团徽更闪光；

青春心向党，奋进新征程。

青春是一首无言的诗，我们陶醉于诗情画意中；

青春是一段快乐的舞，我们沉醉在轻歌曼舞中。

3.生日快乐

涵养“一片丹心图报国”的志气，

增强“不破楼兰终不还”的骨气，

筑牢“会当水击三千里”的底气。

4.校长寄语

坚定强国志向，紧握奋斗之桨，高扬实干之帆，立大志，明大德，成大才，担大任，在实现中华民族伟大复兴中国梦的生动实践中放飞青春梦想，砥砺奋进前行！

（2022年4月29日）

心灵有约，这个服务，超暖心

让心灵沐浴阳光，让快乐充溢胸膛。

近日，两城中学班主任协同日照金太阳社会工作服务中心心理咨询师林老师走门串户，深入家庭，为学生和家长开展心理健康教育，送上一份温暖的关爱。

林老师是学校通过购买专业服务而聘请的专职心理健康教师，是一位家庭教育指导师、EAP高级执行师、齐鲁和谐使者。她长期从事中学生心理健康辅导工作，具有丰富的心理健康辅导实践经验。

针对当前中学生存在的心理问题，在各班主任全面测试排查的基础上，她和班主任一起进行重点走访，面对面交流，零距离沟通，实行个性化服务，发挥家校协同育人的作用。

在走访过程中，班主任做到“备学生、备家长、备家庭”，全面了解学生的成长环境和家庭教育；林老师谈问题、谈措施、谈效果，共同分享了家庭教育的方法和沟通交流的技巧。

一对一交流，面对面沟通。热心服务，真情付出，让学生享受生命成长的快乐。

2021年秋季学期以来，学校高度重视心理健康教育工作，先后聘请日照市心理学会会长、日照市精神卫生中心心理咨询中心科主任等专家作心理健康辅导报告，并通过购买专业服务的形式，开展学生心理辅导与咨询服务，引导师生形成健康心态，建立良好的人际关系，以积极的心态面对学习与生活。

心灵有约，携手同行。家长和学生纷纷称赞：这项服务超暖心！

（2022年5月18日）

一场别开生面的“12岁法治生日会”

学法懂法源自一点一滴，守法用法始于一言一行。

为进一步推进法治校园建设，预防未成年人违法犯罪，6月29日，在暑假来临之际，两城中学举办了一场别开生面的“12岁法治生日会”。日照市公安局刑事科学技术研究所、两城派出所等相关领导参加会议。大会由学校德育副校长李美洁主持。

会上，日照市公安局刑事科学技术研究所郭警官的“光点课堂”就“我们的身体不容侵犯”“预防校园欺凌”为话题，从“言语警报”“触碰警报”“视觉警报”“独处警报”“拥抱警报”等方面，讲述了“如何防范性侵害”“遇到性侵害怎么办”等防性侵措施。同时，列举了性侵犯罪行为案例，告诉学生如何学会保护自己，如何学会自救，如何自觉守法。

两城派出所所长杨丽丽从年满12周岁的学生进入了相对应当负刑事责任年龄阶段谈起，结合身边典型案例，以案释法，以法论事，希望全体同学牢固树立正确的世界观、人生观、价值观，用法律约束自己的行为，做一个学法、知法、守法、用法的好公民。

学校党支部副书记陈为武在讲话中总结了“警校共建，协同育人”活动的工作成效，表达了对两城派出所领导和社会各界热情关注教育和真情呵护校园的衷心感谢。特别强调在暑假期间，全体同学要科学合理地安排自己暑期的学习生活，开展丰富多彩的实践活动，防止沉迷网络游戏，自觉抵制网络不良信息，禁止外出打工，拒绝与不良人员交往，并要时刻注意自身安全，严格落实各项防控措施，严防各类安全事故发生，以积极乐观向上的精神状态，度过一个愉快平安的假期。

依法治校，法育未来。两城中学全体师生将以此次“12岁法治生日会”教育活动为契机，真正发自内心地学法守法，成为知法懂法的好公民，走好人生的每一步。

（2022年6月29日）